Zigeunerkarten-Handbuch
von
Zeljko Schreiner

Das Glück ist wie eine zarte Pflanze,
Die wir anfangs mit den Tränen unseres Leids begießen
Und später durch ihre volle Blütenpracht
Das Glück und die Freude unseres Daseins wieder erkennen

Zigeunerkarten-Handbuch

ISBN-13: 9783837087512

Herstellung und Verlag: Books on Demand GmbH, Norderstedt

Bibliografische Information der Deutschen Nationalbibliothek
Die Deutsche Nationalbibliothek verzeichnet diese Publikation in der Deutschen Nationalbibliografie; detaillierte bibliografische Daten sind im Internet über http://dnb.d-nb.de abrufbar.

Hinweis: Die hier beschriebene Zigeunerkartenanleitung ist nach bestem Wissen und Gewissen erstellt worden. Trotzdem kann der Autor für die Richtigkeit der Angaben keine Gewähr übernehmen.
Zigeunerkarten sind nicht dazu geeignet, um den professionellen Rat von Angehörigen entsprechender Berufsgruppen zu ersetzen (z.B. Psychiater, Ärzte, Psychologen, Steuerexperten, Rechtsexperten, Finanzexperten, usw.).
Der Autor übernimmt deshalb auch keine Verantwortung für Schäden, die sich beim direkten, indirekten oder falschen Gebrauch der Zigeunerkarten ergeben.

Inhalt

Einleitung

Weissagungen hat es schon seit Bestehen der Menschheit gegeben. In den sehr frühen vorchristlichen Kulturen hatte man dabei oftmals durch heidnische Rituale die göttlichen Wesen zu Rate gezogen, in die Eingeweide vom geschlachteten Vieh nachgeschaut oder das Orakel der Runen befragt. Auch die Natur wurde genau beobachtet und bot für alle außergewöhnlichen Naturphänomene eine Chance, Rückschlüsse auf die Zukunft zu machen. Doch der Brauch der Weissagung war oftmals nur einigen religiösen Würdenträgern gestattet und für andere Gesellschaftsschichten, unter der Androhung der Todesstrafe, verboten. Trotz der drakonischen Strafen war aber der Reiz der Weissagung größer, als die Angst vor den möglichen Folgen und wurde im Laufe der Generationen immer präziser und komplexer gemacht. Mit Einzug des Christentums wurden die heidnischen Kulturen und mit ihnen auch die Orakeldeutung verdrängt. Selbst das Tarotspiel, welches im 14. Jahrhundert in Europa Einzug hielt, wurde von der katholischen Kirche als das Werk des Teufels eingestuft und verschwand innerhalb kürzester Zeit von der Bildfläche.

Das eigentliche Wahrsagen mit Karten begann in Europa im 15. Jahrhundert. Es war die Zeit der Zuwanderung der Roma und Sinti. Diese Völkergruppen machten das Wahrsagen, speziell mit Karten, sehr populär und werden noch heute wegen der eingetroffenen Prognosen bewundert. Weil für die christliche Bevölkerung die Wahrsagerei immer noch ein Tabu war, nutzte man zur Befriedigung der eigenen Neugier die umherziehenden Roma und Sinti und ließ sich bei jeder Gelegenheit von ihnen die Zukunft deuten. Die Wahrsager nutzten für ihre Dienste oftmals zugeschnittenes Pergament oder Papier und zeichneten darauf Orakelzeichen, die der Zukunftsdeutung dienten.

Entgegen vieler Meinungen haben die heutigen Zigeunerkarten jedoch nichts mit den Kartenmotiven der Roma und Sinti gemeinsam. Lediglich ihr Name erinnert noch an den mystischen Ruf des fahrenden Volkes.

Die ersten Motive der Zigeunerkarten wurden 1920 von einem unbekannten Künstler gemalt und als Gesellschaftsspiel im osteuropäischen Raum verkauft. 40 Jahre später wurden die Zigeunerkarten durch neue Motive ersetzt und sind in dieser Form noch heute erhältlich.

Oft werden Zigeunerkarten mit Kipperkarten gleichgestellt oder verwechselt. Obwohl sie eine große Ähnlichkeit haben, ist die Geschichte der beiden Karten unterschiedlich. Sie haben nur die Gemeinsamkeit, dass sie Wahrsagekarten sind und in ihren Kartenmotiven Personen und Situationen des Fragenden darstellen. Falls Sie schon mit den Kipperkarten vertraut sind, sollten Sie sich deshalb nicht wundern, dass einige Kartenbilder eine markante Ähnlichkeit mit den Zigeunerkarten haben.

Grundwissen

Viele Anfänger treten den Wahrsagekarten mit viel Skepsis entgegen, weil sie von Zweifeln begleitet werden, ob sie sich das Kartenlegen jemals aneignen können oder ob Sie eine Begabung für die Wahrsagekunst haben. Dabei ist es so einfach, sich von dieser Skepsis zu befreien. Probieren Sie es doch einfach aus, indem Sie die Karten auslegen, diese versuchen zu deuten und sich bei Unklarheiten die Kombinationen für die Zukunft aufschreiben.

Spätestens wenn diese Situationen eingetroffen ist, werden sie feststellen, in welcher Art und Weise die Zigeunerkarten mit Ihnen gesprochen haben. Mit dieser Art von Selbsterfahrung wird es Ihnen mit der Zeit immer leichter fallen, einzelne Kombinationen zu deuten und mit den Zigeunerkarten vertrauter zu werden.

Aber ich muss Sie auch davor warnen, beim Kartenlegen nicht in Angst oder Panik zu verfallen. Kartenlegen bedeutet nicht, sich oder anderen Menschen die unausweichliche Zukunft zu deuten, sondern stellt eine Lebenshilfe dar, die Ihnen oder dem Fragenden die Chancen und Gefahren des Lebens aufzeigen.

An dieser Stelle möchte ich Ihnen ein Beispiel nennen. Ein guter Freund war mal vor Jahren bei mehreren Kartenlegern und alle haben ihm prophezeit, dass seine Beziehung wegen Vernachlässigung in die Brüche geht. Paar Tage später rief er mich an und erzählte mir, dass ihm verschiedene Kartenlegerinnen alle dasselbe erzählten und dass er sich große Sorgen wegen seiner Partnerschaft mache.

Ich konnte ihn jedoch beruhigen und gab ihm den Hinweis, dass er nun wisse, wie es um seine Partnerschaft in der Zukunft stehe. Dadurch hat er die Chance, gegen diese bevorstehende Trennung vorzugehen und sich mehr um seine Partnerin zu kümmern. Und wenn er sich öfters verinnerliche, dass die Liebe seines Lebens eines Tages mal weggehen könnte, wird er unbewusst dagegen vorgehen und einiges daran setzen, um seine Partnerschaft zu erhalten.

Heute, zehn Jahre später, sind die beiden immer noch zusammen, mittlerweile verheiratet und haben zwei Kinder. Dass die Partnerschaft jemals kaputtgehen könnte, ist beim momentanen partnerschaftlichen Stand fast ausgeschlossen.

Wie Sie sehen, ist das Kartenlegen kein Instrument, um Ängste zu schüren, sondern um dem Fragenden aufzuzeigen, welchen Weg er gehen soll, um mehr Glück und Zufriedenheit zu erlangen.

Beschreibung der Zigeunerkarten und der Kombinationen

Auf den nachfolgenden Seiten stelle ich Ihnen alle Zigeunerkarten vor und führe auch sämtliche Zweierkombinationen auf.
Ich wünsche Ihnen jetzt schon viel Freude beim Lernen und Üben mit den berühmten Zigeuner-Wahrsagekarten.

Leider war es mir nicht möglich, die Motive der Karten abzubilden. Dennoch bin ich der festen Überzeugung, dass ich Ihnen mit diesem Buch einen hilfreichen Ratgeber für den Einstieg in die Deutung der Zigeunerkarten geben kann.

Beständigkeit

Bedeutung: Diese Karte symbolisiert Ihre alltägliche Verpflichtungen, denen Sie regelmäßig nachgehen müssen. Auch besagt sie, je nach Frage, dass Ihre bisherige Lebenssituation unverändert und stabil bleibt.

Tageskarte: Wenn Sie die Karte ziehen, haben Sie heute einen harmonischen und sehr ausgeglichenen Tag, an dem Sie Ihren alltäglichen Verpflichtungen nachgehen und sich am Ende des Tages über die Ergebnisse Ihrer Arbeit freuen werden.

Personeneigenschaft: Zielstrebig, erfolgsorientiert und geduldig
Beruf: Durch Eifer und Ausdauer bewältigen Sie ein großes Arbeitspensum und bringen dadurch Ihre Kollegen und Vorgesetzte in Verwunderung.
Liebe: Für Ihre Partnerschaft brauchen Sie sich keine Sorgen zu machen, weil diese stabil bleibt. Als Single werden Sie das Bedürfnis haben, eine stabile und dauerhafte Beziehung einzugehen und werden sich auch nicht davor scheuen, Ihre Vorstellungen dem anderen Geschlecht klarzumachen.
Geld: Ihre Finanzen bleiben zukünftig sehr stabil, weil Sie sehr gut mit Geld umgehen können und es zu verstehen wissen, dieses anzulegen oder sich durch langfristiges Sparen Ihre Wünsche zu verwirklichen.

Beständigkeit in Verbindung mit:

Besuch: Arbeitskollegen, Arbeit mit Publikum. Bedeutet aber auch, dass Ihr Freundeskreis bestehen bleibt.
Botschaft: Positive Gespräche mit Arbeitgeber oder Arbeitskollegen.
Brief: Wichtiges berufliches Dokument. Dies könnte z.B. ein Arbeitsvertrag oder eine Gehaltserhöhung sein.
Dieb: Berufliche Einbußen. Ein Kollege oder eine Kollegin meint es mit Ihnen nicht gut.
Eifersucht: Schlechtes Betriebsklima durch Unsicherheit am Arbeitsplatz und eifersüchtige Kollegen.
Etwas Geld: Ein geringes Einkommen. Bedeutet auch, dass Ihre Arbeit nicht geschätzt wird.
Falschheit: Ungerechtigkeiten auf der Arbeit. Die Kombination zeigt aber auch Arbeitsfehler und Handwerkerpfusch.
Feind: Mobbing, Feinde am Arbeitsplatz.

Fröhlichkeit: Betriebsfeier, gutes Betriebsklima.

Gedanken: Berufliche Pläne. Kann auch einen jungen Kollegen betreffen, zu dem Sie ein gutes Verhältnis haben.

Geistlicher: Kartenleger, Astrologe. Zeigt aber auch Arbeiten im spirituellen und esoterischen Bereich an. Ebenso kann diese Kombination eine Person am Arbeitsplatz betreffen, die emotional und spirituell veranlagt ist

Geld: Ein gutes und ausreichendes Einkommen.

Geliebter / Geliebte: Er oder sie ist sehr fleißig. Bedeutet aber auch, dass auf ihn oder sie sehr viel Verlass ist.

Geschenk: Gehaltserhöhung, ein teures Geschenk von Kollegen.

Glück: Berufliches Glück. Nutzen Sie Ihre berufliche Chancen, um sich zu verbessern.

Haus: Große Werkstatt, Büroräume, Familienunternehmen.

Heirat: Langfristige Bindung an den Arbeitgeber. Mit der Firma verheiratet sein.

Hoffnung: Eine jüngere Arbeitskollegin. Kann aber auch bedeuten, dass der Wunsch nach Besserung am Arbeitsplatz in Erfüllung geht.

Kind: Neuer Arbeitsplatz oder neue Tätigkeit. Kann aber auch, je nach Frage, Arbeiten mit Kindern anzeigen (z.B. Kindergärtnerin).

Krankheit: Probleme und Belastungen am Arbeitsplatz.

Liebe: Spaß und Freude im Beruf.

Offizier: Dominanter Arbeitskollege. Amtsperson mit viel Einfluss.

Reise: Berufliche Reise. Kann aber auch bedeuten, dass die Firma viel mit Reisen zu tun hat (z.B. Spedition, Reisebüro, Taxiunternehmen).

Richter: Eine berufliche Entscheidung treffen. Juristischer Beruf (z.B. Richter, Rechtsanwalt, Staatsanwalt).

Sehnsucht: Sehnsucht nach einer anderen Tätigkeit.

Tod: Ende einer beruflichen Phase, Arbeitslosigkeit.

Traurigkeit: Arbeit bzw. Tätigkeit macht keinen Spaß. Kann aber auch eine Kollegin anzeigen, die sehr melancholisch ist.

Treue: Berufliche Tätigkeit wird bis zum Rentenalter ausgeübt.

Unglück: Plötzliches und negatives, berufliches Ereignis (z.B. Abmahnung, Unfall). Selten jedoch der Tod eines Kollegen.

Unverhoffte Freude: Berufliche Verbesserung.

Verdruss: Auseinandersetzungen auf der Arbeit.

Verlust: Verlust des Arbeitsplatzes, Kurzarbeit.

Witwer: Älterer Mann ist fleißig. Älterer Arbeitskollege, Vorgesetzter.

Witwe: Ältere Frau ist fleißig. Ältere Arbeitskollegin, Vorgesetzte.

Besuch

Bedeutung: Die Karte symbolisiert Ihre Freunde und Verwandte, Geselligkeit, und Partys. Auch zeigt sie Veranstaltungen jeglicher Art an, bei der sehr viele Menschen zusammenkommen und eine frohe Zeit miteinander verbringen.

Tageskarte: Der heutige Tag dürfte für Sie äußerst unterhaltsam sein, weil Sie Ihre Freizeit mit Ihren Mitmenschen verbringen werden. Wenn Sie aber nichts Besonderes geplant haben, sollten Sie mit einem unverhofften Besuch von Ihren Lieben rechnen.

Personeneigenschaft: Gesellig und unternehmungslustig
Beruf: Sie werden auf der Arbeit ein starkes Zusammengehörigkeitsgefühl verspüren und auch feststellen, dass Sie eine gute Zusammenarbeit mit Ihren Kollegen haben.
Liebe: In Ihrer Partnerschaft wird keine Langeweile aufkommen, da Sie sehr viele Unternehmungen machen und sich mit netten Leuten treffen. Als Single sieht es sehr gut für Sie aus, weil Sie Ihre Freizeit viel mit anderen Menschen verbringen und dadurch auch Ihre Chance steigern, um den passenden Partner kennen zu lernen.
Geld: Im finanziellen Bereich werden Sie mit Menschen zusammenkommen, die wahre Profis im Umgang mit Geld sind. Dadurch werden Sie sich von denen auch nützliche Ratschläge holen, wie Sie Ihr mühsam erarbeitetes Geld gewinnbringend anlegen können oder wo es die besten Schnäppchen gibt.

Besuch in Verbindung mit:

Beständigkeit: Arbeitskollegen, Arbeit mit Publikum. Bedeutet auch, dass Ihr Freundeskreis bestehen bleibt.
Botschaft: Eine unterhaltsame, kommunikative Zeit. Interessante Gespräche mit Freunden und Verwandten.
Brief: Wichtige Neuigkeiten von Ihren Freunden und Verwandten. Kann aber auch eine Einladung sein, die Sie per Post, Telefon oder Email erhalten.
Dieb: Unangenehmer Besuch. Einer Ihre Freunde meint es mit Ihnen nicht gut.
Eifersucht: Einige Ihrer Mitmenschen sind Ihnen gegenüber sehr misstrauisch und können deshalb nicht offen mit Ihnen reden.
Etwas Geld: Für interessante Unternehmung brauchen Sie nicht viel Geld. Die Kombination bedeutet aber auch, dass Ihr Freundeskreis sehr bescheiden ist.

Falschheit: Einige Ihrer Mitmenschen sind sehr unehrlich.

Feind: Einige Ihrer Freunde sind in Wirklichkeit Ihre Feinde.

Fröhlichkeit: Unterhaltsame Zeit im Freundes- und Verwandtenkreis.

Gedanken: Pläne wegen einem Treffen, Unternehmungen mit einem jungen Mann.

Geistlicher: Esoterische Gruppe. Besuch beim Astrologen oder Kartenleger.

Geld: Hohe und unnötige Geldausgaben für Unternehmungen und Freunde.

Geliebte / Geliebter: Unternehmungen mit dem Partner.

Geschenk: Überraschung oder Geschenk von Freunden und Verwandten.

Glück: Glück mit Freunden und Verwandten, denn besser könnte Ihr Umfeld nicht mehr sein.

Haus: Besuche im Haus, Zusammenkunft der Verwandten.

Heirat: Hochzeitsgesellschaft, Verlobungsfeier oder Polterabend.

Hoffnung: Freundeskreis ändert sich positiv. Gemeinsame Unternehmungen mit einer jüngeren Frau.

Kind: Neue Freunde oder auch ein Kinderbesuch.

Krankheit: Freunde sind krank, bzw. machen krank. Könnte aber auch einen Krankenbesuch anzeigen.

Liebe: Rendezvous, Begegnung mit der großen Liebe.

Offizier: Unternehmungen mit einem dominanten Mann. Mit einer Behörde konfrontiert werden.

Reise: Gruppenreise. Zu Freunden verreisen.

Richter: Entscheidung bezüglich der Freunde treffen. Die Kombination deutet auch auf ein Treffen mit einer juristischen Person hin.

Sehnsucht: Sehnsucht nach einem neuen Freundeskreis.

Tod: Vorsicht vor Ihren Freunden. Einige Ihrer Mitmenschen meinen es mit Ihnen nicht gut und fügen Ihnen ein großes Unheil zu.

Traurigkeit: Unternehmungen mit einer empfindlichen und melancholischen Frau. Kann aber auch bedeuten, dass der Freundeskreis Sie sehr traurig stimmt.

Treue: Auf Ihre Freunde und Verwandte können Sie sich immer verlassen.

Unglück: Ein unerwartetes und negatives Ereignis im Freundeskreis. Dies kann z.B. ein heftiger Streit oder auch ein Unfall sein.

Unverhoffte Freude: Eine sehr unterhaltsame und heitere Gesellschaft.

Verdruss: Streit im Freundes- und Verwandtenkreis.

Verlust: Verlust der Freunde. Freunde bereiten Kummer.

Witwer: Bekanntschaft und Unternehmung mit einem älteren Mann.

Witwe: Bekanntschaft und Unternehmung mit einer älteren Frau.

Botschaft

Bedeutung: Diese Karte symbolisiert Kommunikation und interessante Gespräche, wo Sie auch wichtige und interessante Informationen erhalten.

Tageskarte: Heute wird ein guter Tag sein, an dem Sie mit großer Wahrscheinlichkeit in guter Gesellschaft weilen. Wenn Sie für den heutigen Tag nichts geplant haben, sollten Sie trotzdem mit einem unverhofften Besuch oder einem Anruf Ihrer Lieben rechnen.

Personeneigenschaft: Kontaktfreudig bzw. gesprächig
Beruf: Auf der Arbeit werden Sie interessante Gespräche führen und wichtige berufliche Information einholen. Auch besagt diese Karte, dass Sie zukünftig mit Ihren Kollegen eine unterhaltsame Zeit haben.
Liebe: In Ihrer Partnerschaft werden viele unterhaltsamen Gespräche geführt, die Ihre Beziehung festigen und den Alltag interessanter machen. Als Single werden Sie in der nächsten Zeit sehr gesprächig sein und deshalb auch viel Unterhaltung haben.
Geld: Durch Ihre Gesprächsbereitschaft erhalten Sie wichtige Informationen, wie Sie Ihre Finanzen noch besser regeln und in den Griff bekommen können.

Botschaft in Verbindung mit:

Beständigkeit: Positive Gespräche mit Arbeitgeber oder Arbeitskollegen.
Besuch: Eine unterhaltsame und kommunikative Zeit. Interessante Gespräche mit Freunden und Verwandten.
Brief: Ein Brief oder Dokument wird wichtige Informationen enthalten.
Dieb: Informationen werden bei Gesprächen ziemlich mangelhaft sein. Ihre Gesprächspartner meinen es mit Ihnen nicht gut.
Eifersucht: Informationen werden bei Gesprächen sehr negativ gehalten und sind in Wirklichkeit positiver.
Etwas Geld: Information über einen kleinen Geldbetrag (z.B. Überweisung, Erstattung vom Finanzamt).
Falschheit: Lügen und Intrigen.
Feind: Durch falsche Informationen und Lügen will man Ihnen einen Schaden zufügen.
Fröhlichkeit: Unterhaltsame und positive Gespräche, die Sie aufheitern und fröhlich stimmen.

Gedanken: Gedanken und Pläne, um eine Information zu verbreiten. Könnte aber auch ein Gespräch mit einem jüngeren Mann anzeigen.

Geistlicher: Informationen aus dem Unterbewusstsein. Dies können z.b. Infos aus einem Traum oder von einem Astrologen oder Kartenleger sein.

Geld: Information über einen etwas größeren Geldbetrag (z.b. Erstattung vom Finanzamt, Gewinnbenachrichtigung).

Geliebte / Geliebter: Gespräche und wichtige Infos vom Partner.

Geschenk: Mitteilung über ein Geschenk, das Sie erhalten sollten.

Glück: Sehr glückliche und heitere Gespräche.

Haus: Gespräche und wichtige Informationen von den lieben Verwandten.

Heirat: Gespräche rund um das Thema Partnerschaft.

Hoffnung: Gespräche mit einer jungen Frau. Durch ein Gespräch werden alle Unklarheiten und Missverständnisse beseitigt.

Kind: Gespräche, bei denen Sie wichtige Neuigkeiten erhalten.

Krankheit: Info über einen Krankheitsfall. Negative Gespräche machen krank.

Liebe: Eine neue Liebe kündigt sich an. Liebesbezeugung.

Offizier: Gespräche mit einem dominanten Mann. Mitteilung einer Behörde.

Reise: Es wird viel über Reisen gesprochen (z.b. Urlaubspläne).

Richter: Gespräche wegen einer wichtigen Entscheidung.

Sehnsucht: Sehnsucht nach Gesprächen oder einem Gesprächspartner.

Tod: Sehr negative Gespräche und Informationen (z.b. über einen Todesfall).

Traurigkeit: Traurige Informationen. Depressive Gespräche mit einer Frau.

Treue: Offene Gespräche, ehrliche Mitteilungen.

Unglück: Information über ein Unglück.

Unverhoffte Freude: Unerwartete und positive Gespräche.

Verdruss: Diskussionen und Streitgespräche.

Verlust: Wichtige Gespräche wird man mit Ihnen nicht führen können (z.b. wegen einer Blockade oder Angst).

Witwer: Gespräche mit einem älteren Mann.

Witwe: Gespräche mit einer älteren Frau.

Brief

Bedeutung: Diese Karte symbolisiert eine Nachricht, die Sie per Post, Email oder Anruf erhalten. Auch wichtige Dokumente und Schriftstücke werden mit ihr angezeigt. Um welche Nachricht es sich dabei handelt, erfahren Sie aus den umliegenden Karten.

Tageskarte: Heute werden Sie eine Nachricht erhalten, die von großer Bedeutung für Sie ist. Möchten Sie mehr über die Nachricht erfahren, wäre es hilfreich, wenn Sie eine weitere Tageskarte ziehen.

Personeneigenschaft: Korrekt und redegewandt
Beruf: Sie werden auf der Arbeit eine Nachricht oder ein Dokument erhalten, welches für Sie und Ihr berufliches Weiterkommen sehr wichtig ist.
Liebe: Sie erhalten eine positive Nachricht, die Ihre Partnerschaft aufheitert. Sollten Sie noch ein Single sein, ist die Wahrscheinlichkeit groß, dass eine Person Ihnen ihre Liebe mitteilt (z.B. Liebesbrief). Diese Mitteilung kann per Post, Email oder Anruf erfolgen.
Geld: Sie erhalten ein wichtiges Dokument oder eine wichtige Mitteilung über eine finanzielle Angelegenheit.

Brief in Verbindung mit:

Beständigkeit: Wichtiges berufliches Dokument. Dies kann ein Arbeitsvertrag oder eine Gehaltserhöhung sein.
Besuch: Wichtige Neuigkeiten von Ihren Freunden und Verwandten. Kann aber auch eine Einladung sein, die Sie per Post, Telefon oder Email erhalten.
Botschaft: Ein Brief oder Dokument wird wichtige Informationen enthalten.
Dieb: Eine Nachricht wird entweder gar nicht ankommen oder lückenhaft sein.
Eifersucht: Eine Mitteilung wird sehr negativ gehalten, obwohl sie positiv ist.
Etwas Geld: Eine Nachricht über eine kleine Geldsumme.
Falschheit: Eine Nachricht sollte nicht ernst genommen werden, da sie sehr viele Lügen enthält. Kann auch ein fehlerhaftes Dokument anzeigen.
Feind: Durch eine Nachricht erfahren Sie, dass Sie Feinde haben und dass man Ihnen einen Schaden zufügen will.
Fröhlichkeit: Eine Nachricht stimmt Sie sehr optimistisch. Kann aber auch eine schriftliche Einladung zu einer Feier sein.

Gedanken: Gedanken und Pläne, um eine Nachricht zu verschicken. Nachricht von einem jungen Mann.

Geistlicher: Nachricht von einem Esoteriker. Dies kann z.b. eine schriftliche Auswertung des Horoskops sein.

Geld: Eine Nachricht über eine größere Geldsumme (z.b. Benachrichtigung über einen Gewinn).

Geliebte / Geliebter: Partner erhält einen wichtigen Brief. Wenn Sie Single sind, erhalten Sie von Ihrer Herzensperson eine erfreuliche Nachricht.

Geschenk: Ein Geschenk über den Postweg.

Glück: Nachricht über ein glückliches Ereignis.

Haus: Nachricht von Verwandten, Dokumente von einem Haus oder einer Wohnung (Kaufvertrag, Mietvertrag, Auszug aus dem Grundbuch).

Heirat: Nachricht über eine Hochzeit oder Verlobung.

Hoffnung: Lange Zeit auf eine Nachricht warten. Könnte jedoch auch eine Nachricht von einer jüngeren Frau anzeigen.

Kind: Nachricht über eine Geburt. Nachricht von einem Kind.

Krankheit: Nachricht über einen Krankheitsfall.

Liebe: Liebesbrief.

Offizier: Amtlicher Brief. Nachricht von einem dominanten Mann.

Reise: Reiseunterlagen, Führerschein, Dokumente vom Auto (Kfz-Brief, Kfz-Zulassung).

Richter: Mitteilung vom Gericht. Nachricht über eine Entscheidung, die erfolgt ist und Sie betrifft.

Sehnsucht: Sehnsucht nach einer positiven Nachricht.

Tod: Nachricht über einen negativen Vorfall (z.B. Tod).

Traurigkeit: Eine traurige Nachricht. Kann aber auch eine Nachricht von einer jungen melancholischen Frau bedeuten.

Treue: Auf den Inhalt einer Nachricht können Sie sich verlassen.

Unglück: Nachricht über einen Unglücksfall oder negativen Vorfall.

Unverhoffte Freude: Eine Nachricht bringt unverhoffte und äußerst positive Neuigkeiten.

Verdruss: Nachricht über eine Auseinandersetzung. Dies kann ein Schreiben von einem Anwalt sein oder eine Anklage vom Gericht.

Verlust: Eine Nachricht wird Sie niemals erreichen.

Witwer: Eine Nachricht von einem älteren Mann.

Witwe: Eine Nachricht von einer älteren Frau.

Dieb

Bedeutung: Diese Karte symbolisiert eine männliche oder weibliche Person, die negativ eingestellt ist. Auch zeigt sie einen schleichenden Verlust an, der seelisch bedingt ist (negative Stimmung).

Tageskarte: Wenn Sie diese Karte ziehen, werden Sie sich seelisch und körperlich schlecht fühlen. Sollte der Zustand andauern, wäre es deshalb empfehlenswert, einen Arzt oder Psychologen aufzusuchen.

Personeneigenschaft: Negativ eingestellt und kritisierend
Beruf: Auf der Arbeit sollten Sie achtsamer sein, weil die kleinsten Fehler und Unachtsamkeiten von Ihren Vorgesetzten und Kollegen hochgespielt werden.
Liebe: Ihre Partnerschaft wird in Zukunft etwas kränkeln und sollte von Ihnen und Ihrem Partner mehr gepflegt werden. Sollten Sie noch ein Single sein, wird sich die nächste Zeit leichter Liebeskummer bei Ihnen bemerkbar machen.
Geld: Finanziell sollten Sie jetzt schon etwas achtsamer sein, weil sich in der nächsten Zeit leichtere finanzielle Verluste bemerkbar machen.

Dieb in Verbindung mit:

Beständigkeit: Berufliche Einbußen. Ein Kollege oder eine Kollegin meint es mit Ihnen nicht gut.
Besuch: Unangenehmer Besuch. Einer Ihre Freunde meint es mit Ihnen nicht gut.
Botschaft: Informationen werden bei Gesprächen äußerst mangelhaft sein. Ihre Gesprächspartner meinen es mit Ihnen nicht gut.
Brief: Eine Nachricht wird entweder gar nicht ankommen oder lückenhaft sein.
Eifersucht: Durch Neid und Eifersucht besteht die Gefahr von seelischen und materiellen Verlusten.
Etwas Geld: Eine kleine Geldmenge geht verloren. Vorsicht bei Einkäufen und Vertragsabschlüssen.
Falschheit: Gefahr von seelischen und materiellen Schäden durch Lügen.
Feind: Mehrere Personen wollen Ihnen einen Schaden zufügen.
Fröhlichkeit: Starke Stimmungsschwankungen. Ihre Lebensfreude möchte man Ihnen wieder nehmen.
Gedanken: Negative Denkweise. Ein junger Mann denkt sehr negativ.
Geistlicher: Seelischer Schaden durch Spiritualität und Magie.

Geld: Eine größere Geldmenge geht verloren. Vorsicht bei Einkäufen und Vertragsabschlüssen.

Geliebte / Geliebter: Der Partner ist sehr negativ eingestellt.

Geschenk: Vorsicht bei Geschenken und Zuwendungen, denn dafür könnte eine Gegenleistung erwartet werden.

Glück: Das Glück meint es nicht gut.

Haus: Gefahr von Verlusten im eigenen Haus. Verwandtschaft ist sehr negativ eingestellt.

Heirat: Partnerschaft bringt nur Verluste.

Hoffnung: Eine junge Frau hat eine negative Ausstrahlung.

Kind: Ein Neubeginn würde viele Verluste bringen. Ein Kind hat eine schlechte Erziehung.

Krankheit: Krankheit wird durch negative Einstellung verschlimmert.

Liebe: Gefühle werden durch negative Einstellung verdrängt.

Offizier: Ein dominanter Mann oder auch eine Amtsperson fügt Ihnen einen Schaden zu.

Reise: Eine Reise oder Fahrt wird Ihnen nicht gefallen.

Richter: Juristische Amtsperson (Richter, Rechtsanwalt, Staatsanwalt) fügt Ihnen einen Schaden zu.

Sehnsucht: Wünsche werden sich nicht erfüllen und machen Sie deswegen traurig und unzufrieden.

Tod: Ein schlimmes Ereignis wird durch andere Personen ausgenutzt.

Traurigkeit: Eine junge Frau strahlt ihren Trübsal auf andere Menschen aus.

Treue: Vertrauen in andere Personen geht verloren. Eine Person will Ihr Vertrauen missbrauchen.

Unglück: Ein Unglück kostet seelische Kraft.

Unverhoffte Freude: Die Freude wird nicht lange währen.

Verdruss: Auseinandersetzungen werden durch negativ eingestellte Personen verschlimmert.

Verlust: Negative Einstellungen werden wieder verschwinden.

Witwer: Ein älterer Mann hat eine negative Ausstrahlung.

Witwe: Eine ältere Frau hat eine negative Ausstrahlung.

Eifersucht

Bedeutung: Sie zeigt Blockaden des Fragenden und seiner Mitmenschen an. Dazu zählen mangelndes Selbstvertrauen, Schüchternheit, Angst, Eifersucht und Neid.

Tageskarte: Heute werden Ängste und Blockaden Ihr Wegbegleiter sein. Es wäre deshalb für Sie ratsam, wenn Sie in der Freizeit entspannende Tätigkeiten nachgehen, die Sie auf andere Gedanken bringen

Personeneigenschaft: Schüchtern und ängstlich
Beruf: Auf der Arbeit wird sich Ängstlichkeit und Unsicherheit bemerkbar machen. Dies hat zur Folge, dass Sie Ihre Arbeiten nur ungern verrichten und deshalb auch die Qualität und die Arbeitsmenge darunter leiden könnte.
Liebe: In der Partnerschaft machen sich Einengung und Blockaden bemerkbar. Dadurch haben Sie das Gefühl, dass Sie auf viele Gewohnheiten verzichten müssen. Als Single fühlen Sie sich äußerst unsicher und haben Hemmungen, um auf das andere Geschlecht zuzugehen und es näher kennen zu lernen.
Geld: Finanziell müssen Sie einen Gang zurückschalten und in Zukunft etwas sparsamer sein.

Eifersucht in Verbindung mit:

Beständigkeit: Schlechtes Betriebsklima durch Unsicherheit am Arbeitsplatz und eifersüchtige Kollegen.
Besuch: Einige Ihrer Mitmenschen sind Ihnen gegenüber sehr misstrauisch und können deshalb nicht offen mit Ihnen reden.
Botschaft: Informationen werden bei Gesprächen sehr negativ gehalten und sind in Wirklichkeit positiver.
Brief: Eine Mitteilung wird sehr negativ gehalten, obwohl sie positiv ist.
Dieb: Durch Neid und Eifersucht besteht die Gefahr von seelischen und auch materiellen Verlusten.
Etwas Geld: Sie beneiden Menschen, die finanziell besser gestellt sind.
Falschheit: Negative Gedanken sind unbegründet.
Feind: Eine Person aus Ihrem Umfeld ist eifersüchtig auf Sie.
Fröhlichkeit: Sie lassen sich nicht einschüchtern.
Gedanken: Ein junger Mann ist eifersüchtig auf Sie.
Geistlicher: Blockaden im spirituellen Bereich.

Geld: Ihre Mitmenschen reden sehr viel über Ihr Geld.

Geliebte / Geliebter: Ihr Partner ist eifersüchtig.

Geschenk: Ein Geschenk erweckt Neider.

Glück: Ihre Mitmenschen sind neidisch auf Ihr Glück.

Haus: Einige der Neider sind aus Ihrer Verwandtschaft und Ihrem nächsten Umfeld.

Heirat: Die Partnerschaft leidet unter Eifersucht.

Hoffnung: Eine junge Frau ist auf Sie eifersüchtig.

Kind: Eine junge Person ist auf Sie eifersüchtig.

Krankheit: Eifersucht wirkt sich auf Dauer negativ auf Ihre Gesundheit aus.

Liebe: Man erwartet, dass Sie Liebe empfinden.

Offizier: Ein dominanter Mann oder eine Amtsperson ist auf Sie eifersüchtig.

Reise: Ihre Mitmenschen sind neidisch auf Ihr Auto oder gönnen Ihnen keinen Erholungsurlaub.

Richter: Neider wegen einer Entscheidung, die Ihnen zugute kommt.

Sehnsucht: Sehnsucht, dass die Neider wieder verschwinden.

Tod: Neider wünschen Ihnen den Tod.

Traurigkeit: Eine junge melancholische Frau ist auf Sie eifersüchtig. Die Neider anderer Menschen stimmen Sie sehr traurig.

Treue: Eine verlässliche und treue Person ist auf Sie eifersüchtig. Neid und Eifersucht bleiben noch lange Zeit bestehen.

Unglück: Ihre Mitmenschen wünschen Ihnen einen Schicksalsschlag.

Unverhoffte Freude: Eine bevorstehende Überraschung erweckt Neider.

Verdruss: Auseinandersetzungen wegen Eifersucht.

Verlust: Neid und Eifersucht bringen Ihnen nur Verluste.

Witwer: Ein älterer Mann ist auf Sie eifersüchtig.

Witwe: Eine ältere Frau ist auf Sie eifersüchtig.

Etwas Geld

Bedeutung: Diese Karte zeigt eine kleinere Geldsumme und symbolisiert die Begriffe wenig und bescheiden. Woher diese Geldsumme kommt, ist immer aus den Nachbarkarten zu ersehen

Tageskarte: Wenn Sie diese Karte ziehen, sollten Sie heute mit einer kleineren Geldmenge rechnen. Auch haben Sie die positive Eigenschaft, sich an den Kleinigkeiten des Alltags zu erfreuen.

Personeneigenschaft: Bescheiden und unkompliziert
Beruf: Obwohl Ihre Tätigkeit keine Reichtümer bringt, werden Sie in Zukunft dennoch motiviert Arbeiten und volle Arbeitsleistung erbringen.
Liebe: In der Partnerschaft werden Sie und Ihr Partner sich an den kleinen Dingen des Alltags immer wieder erfreuen. Als Single werden Sie nur ganz bescheidene Ansprüche an Ihren Partner haben.
Geld: Große Reichtümer haben Sie in der nächsten Zeit nicht zu erwarten und werden dennoch mit Ihrer finanziellen Situation zufrieden sein.

Etwas Geld in Verbindung mit:

Beständigkeit: Ein geringes Einkommen. Bedeutet aber auch, dass Ihre Arbeit nicht geschätzt wird.
Besuch: Für interessante Unternehmung brauchen Sie nicht viel Geld. Die Kombination bedeutet aber auch, dass Ihr Freundeskreis sehr bescheiden ist.
Botschaft: Information über einen kleineren Geldbetrag (z.B. Überweisung, Erstattung vom Finanzamt).
Brief: Eine Nachricht über eine kleine Geldsumme.
Dieb: Eine kleine Geldmenge könnte verloren gehen. Vorsicht bei Einkäufen und Vertragsabschlüssen.
Eifersucht: Sie beneiden Menschen, die finanziell besser gestellt sind.
Falschheit: Negative Einstellung zu kleinen Geldbeträgen. Man weiß das Geld nicht zu schätzen.
Feind: Eine egoistische Person hat es auf Ihr Kleingeld abgesehen.
Fröhlichkeit: Sie brauchen keine große Geldsummen, um glücklich zu sein.
Gedanken: Finanzielle Gedanken. Ein bescheidener junger Mann.
Geistlicher: Eine kleine Geldspende für soziale Zwecke.

Geld: Das wenige Geld wird fleißig gespart und gewinnbringend angelegt, so dass sich daraus in wenigen Jahren ein stattlicher Betrag anhäuft.

Geliebte / Geliebter: Partner hat zwar keine Reichtümer, ist aber bescheiden und kommt mit seinen Finanzen gut zurecht.

Geschenk: Ein kleines Geldgeschenk.

Glück: Das Geld reicht immer für ein geordnetes und glückliches Leben aus.

Haus: Eine günstige Immobilie, günstige Wohnung. Verwandte sind äußerst bescheiden.

Heirat: In der Partnerschaft werden kaum große Reichtümer aufgebaut.

Hoffnung: Eine bescheidene, junge Frau. Bedeutet aber auch, dass sich die finanzielle Lage mit der Zeit verbessert.

Kind: Kindergeld. Immer wieder neue, kleine Geldzuwendungen.

Krankheit: Kleine Investitionen in die Gesundheit.

Liebe: Diese Liebe wird geschätzt. Für den Aufbau einer Partnerschaft werden keine großen Reichtümer erwartet.

Offizier: Ein dominanter Mann hat ein geringes Einkommen.

Reise: Eine günstige Reise, ein günstiges Auto.

Richter: Eine Rechtsangelegenheit oder Entscheidung wegen einer kleinen Geldsumme.

Sehnsucht: Träume und Sehnsüchte sind bescheiden.

Tod: Kleine Geldsumme aus einer Erbschaft.

Traurigkeit: Eine melancholische Frau lebt in bescheidenen Verhältnissen. Zeigt aber auch Traurigkeit wegen der spärlichen Finanzen.

Treue: Keine großen Reichtümer, dafür aber ein sicheres Einkommen.

Unglück: Nach einem Unglück (z.B. Unfall) gibt es nur kleine finanzielle Verluste.

Unverhoffte Freude: Freude durch eine kleine Zuwendung. Dies könnte ein kleines Geldgeschenk oder eine Aufmerksamkeit ohne großen Wert sein.

Verdruss: Auseinandersetzungen, weil das Geld nicht zum Leben ausreicht.

Verlust: Eine kleine und unbedeutende Geldsumme geht verloren.

Witwer: Ein bescheidener älterer Mann.

Witwe: Eine bescheidene ältere Frau.

Falschheit

Bedeutung: Diese Karte zeigt an, dass im Umfeld des Fragenden einiges falsch und ungerecht verläuft. Dies können z.b. unehrliche Personen sein, die durch Lügen einen Rufschaden oder auch einen materiellen Schaden verursachen.

Tageskarte: Wenn Sie diese Tageskarte ziehen, sollten Sie heute etwas misstrauischer sein und sich vor Menschen in Acht nehmen, die es mit der Wahrheit nicht so genau nehmen.

Personeneigenschaft: Unehrlich
Beruf: Auf der Arbeit wird es ungerecht verlaufen. Auch ist die Tendenz hoch, dass Arbeitsfehler gemacht werden und Ihre Kollegen es mit der Wahrheit nicht so genau nehmen.
Liebe: In der Partnerschaft werden Sie oder Ihr Partner es nicht ehrlich mit den Gefühlen meinen. Als Single sollten Sie darauf achten, ob die Gefühle ehrlich sind oder nur eine kurzfristige Schwärmerei vorliegt.
Geld: Vorsicht vor finanziellen Ausgaben. Die Wahrscheinlichkeit ist groß, dass man es nicht besonders ehrlich meint und Sie finanziell ausbeuten möchte.

Falschheit in Verbindung mit:

Beständigkeit: Ungerechtigkeiten auf der Arbeit. Die Kombination zeigt aber auch Arbeitsfehler und Handwerkerpfusch.
Besuch: Einige Ihrer Mitmenschen sind sehr unehrlich.
Botschaft: Lügen und Intrigen.
Brief: Eine Nachricht sollte nicht ernst genommen werden, da sie sehr viele Lügen enthält. Kann auch ein fehlerhaftes Dokument anzeigen.
Dieb: Gefahr von seelischen und materiellen Schäden durch Lügen.
Eifersucht: Negative Gedanken sind unbegründet.
Etwas Geld: Negative Einstellung zu kleinen Geldbeträgen. Man weiß das Geld nicht zu schätzen.
Feind: Negative Person, die sehr viele Lügen auftischt.
Fröhlichkeit: Die Lügen sind alle harmlos.
Gedanken: Ein junger Mann ist sehr unehrlich. Gedanken wegen einer Lüge.
Geistlicher: Spirituelle Weg ist falsch und birgt seelische Gefahren.
Geld: Falscher Umgang mit Geld. Zu viele und unnötige Geldausgaben.

Geliebte / Geliebter: Partner ist unehrlich.

Geschenk: Ein Geschenk, welches nicht vom Herzen kommt.

Glück: Glück bei Lügen und Intrigen.

Haus: Mit dem Haus stimmt etwas nicht. Unehrliche Verwandte.

Heirat: Eine unehrliche oder falsche Partnerschaft.

Hoffnung: Eine junge Frau ist unehrlich. Bedeutet aber auch, dass die Lügen mit der Zeit nachlassen.

Kind: Ein Kind ist unehrlich. Neue Lügen werden aufgetischt.

Krankheit: Eine Krankheit ist seelisch bedingt.

Liebe: Unehrliche Liebe. Mit den Gefühlen nicht ehrlich sein.

Offizier: Ein dominanter Mann ist sehr unehrlich. Bedeutet aber auch, dass bei einer Behörde Fehler gemacht werden.

Reise: Bei einer Reise läuft etwas falsch. Fehler am Auto.

Richter: Falsche bzw. ungerechte Entscheidung.

Sehnsucht: Träume und Sehnsüchte sind überzogen.

Tod: Ein großer Schaden, der durch eine Lüge verursacht wird.

Traurigkeit: Eine melancholische Frau ist unehrlich. Traurigkeit, weil das Umfeld so unehrlich ist.

Treue: Die Lügen bleiben noch einige Zeit im Umlauf.

Unglück: Ein Unglück oder eine Katastrophe hat in Wirklichkeit niemals stattgefunden und wurde nur erfunden.

Unverhoffte Freude: Ein banaler Streich, der nicht ernst genommen werden sollte.

Verdruss: Auseinandersetzungen wegen Lügen und Ungerechtigkeiten.

Verlust: Verluste, die durch Lügen und Ungerechtigkeiten entstehen.

Witwer: Ein älterer Mann ist sehr unehrlich.

Witwe: Eine ältere Frau ist sehr unehrlich.

Feind

Bedeutung: Diese Karte zeigt an, dass der Fragende Feinde hat (männlich oder weiblich), die es nicht gut mit ihm meinen und ihm schaden wollen. Aber auch Rache und moralische Verwerfungen werden mit ihr symbolisiert.

Tageskarte: Bei der Tageskarte sollten Sie sich heute vor Ihren Mitmenschen hüten, weil diese es nicht ehrlich meinen. Auch ist es wahrscheinlich, dass Sie heute eine negative Denkweise haben, die von Rache, Hinterlist und Egoismus geprägt ist.

Personeneigenschaft: Hinterlistig
Beruf: Auf der Arbeit werden Sie sich sehr unwohl fühlen, weil Sie merken, dass einige Ihrer Kollegen es nicht gut mit Ihnen meinen und Sie durch deren Hinterlist Probleme bekommen können.
Liebe: In der Partnerschaft steigt die Gefahr von Untreue und Eifersucht an. Als Single bekommen Sie negative Gedanken, weil Sie den Partner Ihres Herzens nicht bekommen können.
Geld: Ihre Mitmenschen machen sich Gedanken, wie Sie Geld bekommen könnten. Dabei werden moralische Werte keine Rolle spielen. Deshalb sollten Sie bei Einkäufen auf das Preis-Leistungs-Verhältnis achten

Feind in Verbindung mit:

Beständigkeit: Mobbing, Feinde am Arbeitsplatz.
Besuch: Einige Ihrer Freunde sind in Wirklichkeit Ihre Feinde.
Botschaft: Durch falsche Informationen und Lügen will man Ihnen einen Schaden zufügen.
Brief: Durch eine Nachricht erfahren Sie, dass Sie Feinde haben und dass man Ihnen einen Schaden zufügen will.
Dieb: Mehrere Personen wollen Ihnen einen Schaden zufügen.
Eifersucht: Eine Person aus Ihrem Umfeld ist eifersüchtig auf Sie.
Etwas Geld: Eine egoistische Person hat es auf Ihr Kleingeld abgesehen.
Falschheit: Negative Person, die sehr viele Lügen auftischt.
Fröhlichkeit: Die negativen Verhaltensweisen der Mitmenschen werden sehr heiter und locker aufgenommen.

Gedanken: Ein junger Mann will Ihnen Ärger bereiten, weil er nur an sein eigenes Wohl bedacht ist.

Geistlicher: Schwarze Magie. Spiritualität richtet einen großen Schaden an.

Geld: Betrug im finanziellen Bereich.

Geliebte / Geliebter: Partner wird mit negativen Gedanken und Betrügereien konfrontiert.

Geschenk: Mit einer vermeintlichen Zuwendung soll ein Schaden verursacht werden.

Glück: Glück bei Betrügereien.

Haus: Betrügereien wegen einem Haus. Betrug in der Verwandtschaft.

Heirat: Falsche Partnerschaft. Kann aber auch einen Seitensprung anzeigen.

Hoffnung: Eine junge Frau will Ihnen Ärger bereiten.

Kind: Ein Kind ist sehr egoistisch, neue Betrügereien.

Krankheit: Vorsicht vor Quacksalbern.

Liebe: Ihre Liebe wird vom Partner ausgenutzt.

Offizier: Ein dominanter Mann will Ihnen Ärger bereiten. Amtsmissbrauch.

Reise: Betrug auf einer Reise. Betrug wegen dem Auto.

Richter: Eine Entscheidung wegen einem Betrug treffen. Einen Rechtsanwalt wegen einem Betrug aufsuchen.

Sehnsucht: Hinterhältigkeit.

Tod: Betrügereien rufen einen großen Schaden hervor.

Traurigkeit: Depressive Stimmung wegen der hinterhältigen Mitmenschen.

Treue: Betrügereien werden noch andauern.

Unglück: Ein großer Schaden, der durch einen Betrug hervorgerufen wurde.

Unverhoffte Freude: Mitmenschen treiben lustigen Schabernack.

Verdruss: Betrügereien führen zu Auseinandersetzungen.

Verlust: Verluste durch Betrug.

Witwer: Ein älterer Mann will Ihnen Ärger bereiten, weil er nur an das eigene Wohl bedacht ist.

Witwe: Eine ältere Frau will Ihnen Ärger bereiten, weil Sie nur an ihr eigenes Wohl bedacht ist.

Fröhlichkeit

Bedeutung: Diese Karte zeigt eine fröhliche Zeit mit viel Freude, Heiterkeit und guter Laune, die Sie alleine oder mit Ihren Freunden verbringen werden.

Tageskarte: Bei der Tageskarte haben Sie heute ein starkes Stimmungshoch, welches Ihnen den ganzen Tag versüßt. Sollten negative Ereignisse passieren, werden Sie sich dennoch Ihre Laune nicht vermiesen lassen und alles locker und heiter hinnehmen.

Personeneigenschaft: Heiter
Beruf: Ihre Tätigkeit wird Ihnen viel Spaß und Freude bereiten. Auch ein gutes Betriebsklima ist für diese angenehme Berufsphase mitverantwortlich.
Liebe: Ihre Partnerschaft wird in Zukunft aufleben. Wenn Sie noch ein Single sind, werden Sie mit viel Frohsinn auf andere Menschen zugehen und diese mit Ihrer heiteren Art mitreißen.
Geld: Finanziell werden Sie in der nächsten Zeit äußerst locker sein und das Leben von der angenehmen Seite genießen. Schließlich gibt es finanziell keinen Grund, dass Sie sich Sorgen machen.

Fröhlichkeit in Verbindung mit:

Beständigkeit: Betriebsfeier, gutes Betriebsklima.
Besuch: Unterhaltsame Zeit im Freundes- und Verwandtenkreis.
Botschaft: Unterhaltsame und positive Gespräche, die Sie aufheitern und sehr fröhlich stimmen.
Brief: Eine Nachricht stimmt Sie optimistisch. Diese Kombination kann aber auch eine schriftliche Einladung zu einer Feier anzeigen.
Dieb: Starke Stimmungsschwankungen. Ihre Lebensfreude möchte man Ihnen wieder nehmen.
Eifersucht: Sie lassen sich nic10ertzjkl.8/14560ht einschüchtern.
Etwas Geld: Sie brauchen8ü+ keine große Geldsummen, um glücklich zu sein.
Falschheit: Die Lügen sind alle harmlos.
Feind: Die negativen Verhaltensweisen der Mitmenschen werden sehr heiter und locker aufgenommen.
Gedanken: Ein junger Mann ist heiter und lebenslustig.
Geistlicher: Freude im spirituellen Bereich.

Geld: Eine finanziell gute Zeit.

Geliebte / Geliebter: Der Partner ist heiter und lebenslustig.

Geschenk: Eine Zuwendung oder ein Geschenk stimmt Sie optimistisch.

Glück: Eine glückliche und optimistische Zeit.

Haus: Freude am Haus, bzw. Freude mit der Wohnung. Zeigt aber auch die heitere und fröhliche Verwandtschaft an.

Heirat: Viel Freude in der Partnerschaft.

Hoffnung: Eine junge Frau ist sehr heiter und lebenslustig. Bedeutet aber auch, dass sich die Stimmungslage des Fragenden bald bessern wird.

Kind: Heiteres, kindliches Gemüt. Diese Kombination zeigt aber auch ein heiteres Kind an.

Krankheit: Eine Erkrankung wird wieder schnell vorüber gehen.

Liebe: Die Liebe versüßt den Alltag.

Offizier: Ein dominanter Mann ist sehr heiter und lebenslustig.

Reise: Viel Spaß auf einer Reise. Freude mit dem Auto.

Richter: Eine positive und optimistische Entscheidung. Ein Jurist ist heiter.

Sehnsucht: Sehnsucht nach einer stimmungsvollen Zeit.

Tod: Auf Regen folgt Sonnenschein.

Traurigkeit: Eine melancholische Frau durchlebt eine heitere Lebensphase. Diese Kombination zeigt aber auch Stimmungsschwankungen an.

Treue: Freude und Heiterkeit bleiben bestehen.

Unglück: Beinaheunfall. Mit dem Schrecken davonkommen.

Unverhoffte Freude: Unverhoffte Überraschung, die Sie optimistisch stimmt.

Verdruss: Auseinandersetzungen werden schnell beendet.

Verlust: Verlust der Freude und des Optimismus.

Witwer: Ein älterer Mann ist heiter und lebenslustig.

Witwe: Eine ältere Frau ist heiter und lebenslustig.

Gedanken

Bedeutung: Diese Karte ist eine Personenkarte und zeigt einen jungen Mann. Zusätzlich symbolisiert sie auch Gedanken und Pläne, die wir oder unsere Mitmenschen haben.

Tageskarte: Heute haben Sie einen sehr kreativen Tag. Sie tauchen in Ihre Gedankenwelt hinab und überlegen, wie Sie Ihren Alttag angenehmer gestalten können. Außerdem besteht die Wahrscheinlichkeit, dass Sie heute unerwartet mit einem jungen Mann in Kontakt kommen und mit ihm interessante Gespräche führen.

Personeneigenschaft: Nachdenklich und vorsichtig
Beruf: Sie werden viele berufliche Pläne haben und Ihrer Kreativität freien Lauf lassen. Außerdem zeigt die Karte, dass Sie ein gutes Arbeitsverhältnis zu einem jungen Kollegen bekommen.
Liebe: Sie werden in Zukunft sehr kreativ sein und sich Gedanken machen, wie Sie es anstellen, dass die Liebe nicht einschläft. Als Single werden Sie sich Gedanken machen, wie Sie Ihren Traumpartner kennen lernen. Wenn Sie eine Frau sind, lernen Sie bald einen jüngeren Mann kennen.
Geld: Sie machen sich in der nächsten Zeit sehr viele Gedanken, wie Sie Ihre finanzielle Situation verbessern können.

Gedanken in Verbindung mit:

Beständigkeit: Berufliche Pläne. Kann auch einen jungen Kollegen betreffen, zu dem Sie ein gutes Verhältnis haben.
Besuch: Pläne bezüglich eines Treffens. Unternehmungen mit einem jungen Mann.
Botschaft: Gedanken und Pläne, um eine Information zu verbreiten. Kann aber auch ein Gespräch mit einem jüngeren Mann anzeigen.
Brief: Gedanken und Pläne, um eine Nachricht zu verschicken. Nachricht von einem jungen Mann.
Dieb: Negative Denkweise. Ein junger Mann denkt sehr negativ.
Eifersucht: Ein junger Mann ist eifersüchtig auf Sie.
Etwas Geld: Finanzielle Gedanken. Ein bescheidener junger Mann.
Falschheit: Ein junger Mann ist sehr unehrlich. Gedanken wegen einer Lüge.

Feind: Ein junger Mann will Ihnen Ärger bereiten, weil er nur an sein eigenes Wohl bedacht ist.

Fröhlichkeit: Ein junger Mann ist heiter und lebenslustig.

Geistlicher: Spirituelle Gedanken. Ein junger Mann ist spirituell veranlagt.

Geld: Ein junger Mann ist vermögend. Finanzielle Gedanken.

Geliebte / Geliebter: Ihr Partner ist ein nachdenklicher Mensch. Bedeutet auch, dass Ihr Partner einen guten Freund hat.

Geschenk: Geschenk von einem jungen Mann. Ein Geschenk wird geplant.

Glück: Ein junger Mann bringt Ihnen Glück. Glückliche und optimistische Pläne, die in die Tat umgesetzt werden sollen.

Haus: Ein junger Mann aus stabilen Verhältnissen. Ein junger Mann aus Ihrer Verwandtschaft.

Heirat: Ein junger Mann ist verheiratet. Gedanken wegen einer Partnerschaft.

Hoffnung: Ein junger Mann hat eine positive Einstellung. Kann aber auch ein jüngeres Paar anzeigen.

Kind: Ein junger Mann mit einem Kind. Pläne wegen einem Kind.

Krankheit: Ein junger Mann ist krank. Gedanken wegen einer Krankheit.

Liebe: Ein junger Mann ist verliebt. Gedanken wegen der Liebe.

Offizier: Ein dominanter Mann ist sehr nachdenklich. Gedanken wegen einer Behörde.

Reise: Ein junger Mann ist auf Reise. Reisepläne.

Richter: Junger Mann muss eine Entscheidung treffen. Gedanken wegen einer Entscheidung.

Sehnsucht: Ein junger Mann hat Träume. Gedanken an ein besseres Leben.

Tod: Gedanken über den Tod. Ein junger Mann durchlebt eine schwere Zeit.

Traurigkeit: Ein junges Paar. Melancholische Gedanken.

Treue: Kontakt zu einem jungen Mann bleibt erhalten. Moralische Gedanken, Gedanken über Freunde.

Unglück: Ein junger Mann hat einen Schicksalsschlag. Zukunftsangst.

Unverhoffte Freude: Plötzlicher Einfall, der sich in die Tat umsetzen lässt. Überraschung von einem jungen Mann.

Verdruss: Ärger. Auseinandersetzung mit einem jungen Mann.

Verlust: Vergesslichkeit. Kontakt zu einem jungen Mann geht verloren.

Witwer: Ein älterer und ein jüngerer Mann. Ein älterer Mann denkt viel nach.

Witwe: Eine ältere Frau und ein jüngerer Mann. Eine ältere Frau denkt viel nach.

Geistlicher

Bedeutung: Diese Karte symbolisiert Spiritualität und Esoterik. Ferner zeigt sie alles an, was mit Glauben, Weltanschauung und Religion zu tun hat.

Tageskarte: Bei dieser Karte werden Sie sich Gedanken um Weltanschauung, Religion und Glauben machen. Auch sollten Sie heute damit rechnen, Kontakt zu einem Esoteriker, Astrologen oder Kartenleger zu bekommen.

Personeneigenschaft: Sozial eingestellt und hilfsbereit
Beruf: Sie werden Ihren Beruf als Berufung ansehen und können sich kaum vorstellen, eine andere Tätigkeit auszuüben.
Liebe: In der Partnerschaft werden Sie der festen Überzeugung sein, dass Ihr Partner und Sie füreinander bestimmt sind. Als Single werden Sie der festen Überzeugung sein, dass die nächste Partnerschaft jetzt schon vom Schicksal vorherbestimmt ist.
Geld: Finanzielle Entscheidungen werden Sie intuitiv und aus dem Bauch heraus treffen.

Geistlicher in Verbindung mit:

Beständigkeit: Kartenleger, Astrologe. Zeigt aber auch sämtliche Arbeiten im spirituellen und esoterischen Bereich an. Ebenso kann diese Kombination eine Person am Arbeitsplatz betreffen, die emotional und spirituell veranlagt ist.
Besuch: Esoterische Gruppe. Besuch beim Astrologen oder Kartenleger.
Botschaft: Informationen aus dem Unterbewusstsein. Dies können Botschaften aus einem Traum oder von einem Astrologen oder Kartenleger sein.
Brief: Nachricht von einem Esoteriker. Kann z.B. eine schriftliche Auswertung des Horoskops sein.
Dieb: Seelischer Schaden durch Spiritualität und Magie.
Eifersucht: Blockaden im spirituellen Bereich.
Etwas Geld: Eine kleine Geldspende für soziale Zwecke.
Falschheit: Spirituelle Weg ist falsch und birgt große, seelische Gefahren.
Feind: Schwarze Magie. Spiritualität richtet einen großen Schaden an.
Fröhlichkeit: Freude im spirituellen Bereich.
Gedanken: Spirituelle Gedanken. Ein junger Mann ist spirituell veranlagt.
Geld: Große Spende für eine soziale oder kirchliche Einrichtung.

Geliebte / Geliebter: Partner ist sozial eingestellt oder spirituell veranlagt.

Geschenk: Ein Geschenk vom großen spirituellen Wert (z.B. Talisman).

Glück: Vom Schicksal mit Glück gesegnet.

Haus: Spirituelles Haus (z.B. Kirche).

Heirat: Kirchliche Hochzeit. Eine vom Schicksal gewollte Verbindung.

Hoffnung: Ein fester Glauben bringt im Alltag mehr Zufriedenheit. Eine junge Frau ist spirituell veranlagt.

Kind: Taufe, Kommunion, Konfirmation, Firmung.

Krankheit: Psychische Erkrankung.

Liebe: Diese Liebe ist Bestimmung.

Offizier: Ein dominanter Mann mit spiritueller Erfahrung (z.B. Pfarrer). Diese Kombination kann aber auch die Kirche als Behörde anzeigen.

Reise: Phantasiereise, spirituelle Reisen, Träume.

Richter: Gerechtigkeit aus dem Glauben heraus.

Sehnsucht: Die Suche nach dem Sinn des Lebens und dem richtigen Glauben.

Tod: Trauerfall, Beerdigung.

Traurigkeit: Eine junge melancholische Frau hat eine spirituelle Veranlagung. Vom Glauben enttäuscht und Zweifel an Gott.

Treue: Dem Glauben und der Spiritualität treu bleiben.

Unglück: Schwerer seelische Schaden, der durch falsche Spiritualität kommt.

Unverhoffte Freude: Eine geistige Erleuchtung. Kann aber auch ein Wunder anzeigen.

Verdruss: Hysterisches Verhalten durch falschen spirituellen Weg.

Verlust: Verlust des Glaubens und der Spiritualität.

Witwer: Ein älterer Mann ist spirituell veranlagt.

Witwe: Eine ältere Frau ist spirituell veranlagt.

Geld

Bedeutung: Diese Karte symbolisiert das Geld und den materiellem Besitz. Alles, was in der Nähe dieser Karte liegt besagt, dass Sie Geld erhalten oder Geld in eine Sache investieren.

Tageskarte: Heute wird Sie das Thema Geld den ganzen Tag in Gedanken begleiten. Auch sollten Sie damit rechnen, dass Sie eine finanzielle Neuigkeit erhalten, mit der Sie nicht gerechnet haben.

Personeneigenschaft: Materiell veranlagt, geltungsbedürftig
Beruf: Sie bekommen die Möglichkeit, mehr Geld zu verdienen und sollten diese Chance auch nutzen. Auch besagt die Karte, dass ein beruflicher Aufstieg bevorsteht.
Liebe: In der Partnerschaft dreht sich alles um das Thema Reichtum und Wohlstand. Dies wird Sie und Ihren Partner veranlassen, ein kleines Vermögen aufzubauen. Als Single werden Sie bereit sein, für Ihren Traumpartner eine Investition zu machen (z.B. Geschenke).
Geld: Bald kommt die Zeit, wo Sie für finanzielle Themen einen guten Riecher haben und dementsprechend das Geld auch anziehen werden. Scheuen Sie sich nicht, auch mal in der Lotterie oder an anderen Glücksspielen teilzunehmen.

Geld in Verbindung mit:

Beständigkeit: Ein gutes und ausreichendes Einkommen.
Besuch: Hohe und unnötige Geldausgaben für Unternehmungen und Freunde.
Botschaft: Information über einen etwas größeren Geldbetrag (z.B. Erstattung vom Finanzamt, Gewinnbenachrichtigung).
Brief: Eine Nachricht über eine größere Geldsumme (z.B. Benachrichtigung über einen Gewinn).
Dieb: Eine größere Geldmenge geht verloren. Vorsicht bei Einkäufen und Vertragsabschlüssen.
Eifersucht: Ihre Mitmenschen reden sehr viel über Ihr Geld.
Etwas Geld: Das wenige Geld wird ganz fleißig gespart und gewinnbringend angelegt, so dass sich daraus in wenigen Jahren ein stattlicher Betrag anhäuft.
Falschheit: Falscher Umgang mit Geld. Zu viele und unnötige Geldausgaben.

Feind: Betrug im finanziellen Bereich.

Fröhlichkeit: Eine finanziell gute Zeit.

Gedanken: Ein junger Mann ist vermögend. Finanzielle Gedanken.

Geistlicher: Große Spende für eine soziale oder kirchliche Einrichtung.

Geliebte / Geliebter: Ihr Partner ist entweder materiell veranlagt oder hat ein Vermögen.

Geschenk: Ein Geschenk vom großen finanziellen Wert.

Glück: Glück im finanziellen Bereich.

Haus: Geldinvestition für ein Haus. Verwandtschaft ist vermögend.

Heirat: Partnerschaft ist materiell geprägt. Bedeutet auch, dass der Partner in diese Ehe ein Vermögen einbringt.

Hoffnung: Eine junge Frau ist vermögend. Finanzielle Lage bessert sich von Tag zu Tag.

Kind: Kindergeld. Zeigt aber auch einen neuen Geldzufluss oder eine neue Geldquelle.

Krankheit: Finanzielle Schieflage. Bedeutet aber auch, dass eine Krankheit finanzielle Einbußen bringt.

Liebe: Für die Liebe wird gerne etwas investiert.

Offizier: Ein dominanter Mann ist vermögend. Diese Kombination zeigt auch das Finanzamt an.

Reise: Eine Reise kostet viel Geld. Geld für ein Auto investieren.

Richter: Eine finanzielle Entscheidung treffen. Finanzielle Angelegenheit vor dem Gericht.

Sehnsucht: Sehnsucht nach Reichtum und Wohlstand.

Tod: Erbschaft.

Traurigkeit: Eine melancholische Frau ist vermögend. Bedeutet aber auch, dass Geld nicht glücklich macht.

Treue: Stabile Finanzen. Geldzufluss bleibt bestehen.

Unglück: Geldzufluss nach einem Unglücksfall (z.B. Versicherung).

Unverhoffte Freude: Eine unverhoffte finanzielle Überraschung.

Verdruss: Auseinandersetzungen wegen dem Geld.

Verlust: Finanzielle Verluste. Deshalb Vorsicht vor Verträgen und unnötigen Ausgaben.

Witwer: Ein älterer Mann ist vermögend.

Witwe: Eine ältere Frau ist vermögend.

Geliebter / Geliebte

Bedeutung: Fragesteller, Fragestellerin.
Kann aber auch, je nach Fragestellung, den oder die Geliebte(n) anzeigen. Meistens ist es die Person, der man mit dem Herzen am nächsten steht.

Tageskarte: Ziehen Sie Ihre eigene Personenkarte, werden Sie ein gesundes Selbstbewusstsein haben. Ziehen Sie jedoch die gegengeschlechtliche Karte, wird Ihnen heute Ihre Herzensperson sehr nahe stehen.

Personeneigenschaft: Selbstbewusst
Beruf: Durch Ihren selbstsicheren Arbeitseinsatz werden Sie für Ihre Kollegen ein gutes Vorbild sein.
Liebe: Ihr Selbstbewusstsein wird in der Partnerschaft sämtliche Hemmungen verdrängen. Wenn Sie als Single die gegengeschlechtliche Karte ziehen, stehen Sie sehr bald vor einem partnerschaftlichen Neubeginn. Ziehen Sie allerdings die gleichgeschlechtliche Karte, treten Sie selbstbewusst auf.
Geld: Sie bekommen ein feines Gespür für finanzielle Belange und können mit Ihrem Geld selbstsicher umgehen.

Geliebter / Geliebte in Verbindung mit:

Beständigkeit: Er oder sie ist sehr fleißig. Bedeutet auch, dass auf ihn oder sie sehr viel Verlass ist.
Besuch: Unternehmungen mit dem Partner.
Botschaft: Gespräche und wichtige Infos vom Partner.
Brief: Partner erhält einen wichtigen Brief. Wenn Sie Single sind, erhalten Sie von Ihrer Herzensperson eine erfreuliche Nachricht.
Dieb: Der Partner ist sehr negativ eingestellt.
Eifersucht: Ihr Partner ist eifersüchtig.
Etwas Geld: Partner hat zwar keine Reichtümer, ist aber bescheiden und kommt mit seinen Finanzen gut zurecht.
Falschheit: Partner ist unehrlich.
Feind: Partner wird mit negativen Gedanken und Betrügereien konfrontiert.
Fröhlichkeit: Der Partner ist heiter und lebenslustig.
Gedanken: Ihr Partner ist ein nachdenklicher Mensch. Bedeutet auch, dass Ihr Partner einen guten Freund hat.

Geistlicher: Partner ist sozial eingestellt oder spirituell veranlagt.

Geld: Ihr Partner ist entweder materiell veranlagt oder hat ein Vermögen.

Geschenk: Überraschung vom Partner.

Glück: Das große Glück mit dem Partner.

Haus: Partner hat ein Haus. Bedeutet aber auch, dass Ihr Partner in stabilen Verhältnissen lebt und sehr familiär ist.

Heirat: Heirat mit dem Partner. Ihr Partner möchte eine feste Bindung.

Hoffnung: Wünsche Ihres Partners verwirklichen sich. Zeigt aber auch, dass Ihr Partner Kontakt zu einer jungen Frau hat.

Kind: Partner hat eine kindliche Verhaltensweise. Zeigt aber auch an, dass der Partner ein Kind hat.

Krankheit: Partner ist krank.

Liebe: Partner ist verliebt und sehr liebenswert.

Offizier: Partner ist eigenwillig und autoritär. Zeigt aber auch an, dass der Partner Kontakt zu einer einflussreichen Person hat.

Reise: Partner ist reisefreudig und unternehmungslustig.

Richter: Partner muss eine wichtige Entscheidung treffen. Zeigt aber auch an, dass er Kontakt zu juristischen Personen hat.

Sehnsucht: Partner hat viele Träume und Vorstellungen, die sich aber nicht verwirklichen lassen.

Tod: Partner durchlebt eine schwere Zeit.

Traurigkeit: Partner ist traurig. Zeigt aber auch an, dass er Kontakt zu einer melancholischen Frau hat.

Treue: Auf den Partner ist Verlass.

Unglück: Partner bekommt einen Schicksalsschlag (z.B. Unfall).

Unverhoffte Freude: Partner bekommt eine unverhoffte Überraschung.

Verdruss: Auseinandersetzungen mit dem Partner.

Verlust: Partner hat Verluste.

Witwer: Partner hat Kontakt zu einem älteren Mann.

Witwe: Partner hat Kontakt zu einer älteren Frau.

Geschenk

Bedeutung: Diese Karte zeigt nicht nur Geschenke an, sondern alle positive Ereignisse, denen wir Beachtung und Anerkennung schenken

Tageskarte: Heute haben Sie einen äußerst harmonischen Tag und wissen die Kleinigkeiten des Alltags zu schätzen.
Es ist auch möglich, dass Sie ein nettes Geschenk oder eine Anerkennung erhalten und sich darüber freuen.

Personeneigenschaft: Ausgeglichen und positiv denkend
Beruf: Sie werden in Zukunft die positive Eigenschaft haben, sich an den vielen Kleinigkeiten des Arbeitsalltags zu erfreuen und sich dadurch Ihre Arbeit zu versüßen.
Liebe: Ihre Partnerschaft wird voller Harmonie sein. Als Single zeigen Sie sich von Ihrer herzlichen Seite und werden nicht davor abgeneigt sein, die Person Ihres Herzens mit einem Geschenk zu überraschen.
Geld: Sie werden bald eine angenehme Überraschung haben, welches für Sie wie ein Geschenk vorkommen wird. Dies könnte z.B. ein Hinweis sein, wo Sie Ihre gewünschte Ware sehr günstig erhalten, oder wie Sie Ihr erspartes Geld gewinnbringend anlegen können.

Geschenk in Verbindung mit:

Beständigkeit: Gehaltserhöhung, ein teures Geschenk von Kollegen.
Besuch: Überraschung oder Geschenk von Freunden und Verwandten.
Botschaft: Mitteilung über ein Geschenk, welches Sie erhalten sollen.
Brief: Ein Geschenk über den Postweg.
Dieb: Vorsicht bei Geschenken und Zuwendungen, weil eine Gegenleistung erwartet wird.
Eifersucht: Ein Geschenk erweckt Neider.
Etwas Geld: Ein kleines Geldgeschenk.
Falschheit: Ein Geschenk, welches nicht vom Herzen kommt.
Feind: Mit einer vermeintlichen Zuwendung soll ein Schaden verursacht werden.
Fröhlichkeit: Eine Zuwendung oder ein Geschenk stimmt Sie optimistisch.
Gedanken: Geschenk von einem jungen Mann. Ein Geschenk wird geplant.

Geistlicher: Ein Geschenk vom großen spirituellen Wert (z.B. Talisman).

Geld: Ein Geschenk vom großen finanziellen Wert.

Geliebte / Geliebter: Überraschung vom Partner.

Glück: Geschenk ruft Glücksgefühl hervor.

Haus: Günstiges Immobilienangebot. Geschenk von der Verwandtschaft.

Heirat: Hochzeitsgeschenk.

Hoffnung: Wünsche erfüllen sich. Geschenk von einer jungen Frau.

Kind: Kinderwunsch erfüllt sich. Kleine Geschenke.

Krankheit: Eine Krankheit geht nochmals gut aus.

Liebe: Ein Geschenk vom Liebsten. Geschenke erhalten die Liebe.

Offizier: Ein Geschenk von einem dominanten Mann. Behörde geht auf Ihre Wünsche ein.

Reise: Eine Reise als Geschenk.

Richter: Eine Entscheidung wird wie ein Geschenk sein.

Sehnsucht: Erwartungen sind zu hoch und erfüllen sich nicht.

Tod: Ein Geschenk verändert die Lebenseinstellung.

Traurigkeit: Ein Geschenk von einer melancholischen Frau. Ein Geschenk stimmt sehr traurig.

Treue: Kleine Geschenke erhalten die Freundschaft.

Unglück: Geschenk als Wiedergutmachung, nach einem schlimmen Vorfall.

Unverhoffte Freude: Ein unerwartetes Geschenk stimmt fröhlich.

Verdruss: Auseinandersetzungen wegen einem Geschenk.

Verlust: Ein Geschenk tröstet Sie über einen Verlust hinweg.

Witwer: Ein Geschenk von einem älteren Mann.

Witwe: Ein Geschenk von einer älteren Frau.

Glück

Bedeutung: Diese Karte zeigt das Glück. Zusätzlich werden alle negativen Nachbarkarten geschwächt und die positiven Karten gestärkt.

Tageskarte: Heute haben Sie einen Glückstag. Dies macht sich nicht nur in Ihrer Laune bemerkbar, sondern auch in Form von Überraschungen, mit denen Sie an diesem Tag rechnen sollten.

Personeneigenschaft: Glücklich und erfolgreich
Beruf: Auf der Arbeit werden Sie von einer Glücksphase begleitet, die Sie für die Ausführung von schwierigen Vorhaben und Projekten nutzen sollten.
Liebe: In der Partnerschaft werden Sie durch sehr viele glückliche Momente bereichert. Als Single werden Sie die besten Chancen haben, um den Partner Ihres Lebens kennen zu lernen und mit ihm glücklich zu werden.
Geld: Sie werden die besten Chancen haben, um Ihr Geld gewinnbringend anzulegen und die richtigen finanziellen Entscheidungen zu treffen. Auch wäre es für Sie ratsam, wenn sie Ihrem Glück etwas nachhelfen und in der Lotterie mitspielen.

Glück in Verbindung mit:

Beständigkeit: Berufliches Glück. Nutzen Sie Ihre beruflichen Chancen, um sich zu verbessern.
Besuch: Glück mit Freunden und Verwandten, denn besser könnte Ihr Umfeld nicht mehr sein.
Botschaft: Sehr glückliche und heitere Gespräche.
Brief: Nachricht über ein glückliches Ereignis.
Dieb: Das Glück meint es nicht gut.
Eifersucht: Ihre Mitmenschen sind neidisch auf Ihr Glück.
Etwas Geld: Das Geld reicht immer für ein geordnetes und glückliches Leben aus.
Falschheit: Glück bei Lügen und Intrigen.
Feind: Glück bei Betrügereien.
Fröhlichkeit: Eine glückliche und optimistische Zeit.
Gedanken: Ein junger Mann bringt Ihnen Glück. Glückliche und optimistische Pläne, die in die Tat umgesetzt werden sollen.

Geistlicher: Vom Schicksal mit Glück gesegnet.

Geld: Glück im finanziellen Bereich.

Geliebte / Geliebter: Das große Glück mit dem Partner.

Geschenk: Geschenk ruft Glücksgefühl hervor.

Haus: Glück wegen einem Haus. Glück durch Verwandte.

Heirat: Diese Partnerschaft bleibt bestehen und bringt im Alltag eine glückliche Bereicherung.

Hoffnung: Das erwartete Glück wird noch kommen. Eine junge Frau bringt Ihnen Glück.

Kind: Kind bringt Glück. Glück mit einem Kind.

Krankheit: Guter Ausgang bei einer Krankheit.

Liebe: Die Liebe steigert das Glücksgefühl.

Offizier: Ein dominanter Mann bringt Ihnen Glück. Glück wegen behördlicher Angelegenheit.

Reise: Eine glückliche Reise. Glück wegen dem Auto.

Richter: Eine glückliche und positive Entscheidung.

Sehnsucht: Das Glück lässt noch auf sich warten.

Tod: Eine neue Lebensphase beginnt.

Traurigkeit: Eine melancholische Frau bringt Glück. Das Glück wird nicht erkannt.

Treue: Das Glück bleibt bestehen.

Unglück: Glück im Unglück.

Unverhoffte Freude: Sie wissen das Glück zu schätzen.

Verdruss: Auseinandersetzungen werden schnell beendet.

Verlust: Ein Verlust hat keine negative Auswirkungen.

Witwer: Ein älterer Mann bringt Ihnen Glück.

Witwe: Eine ältere Frau bringt Ihnen Glück.

Haus

Bedeutung: Die Karte zeigt ein Haus, Wohnung oder Grundstück an. Meistens ist es das eigene Heim, welches man bewohnt. Auch werden mit ihr eigene Verwandte und seelische bzw. materielle Stabilität symbolisiert.

Tageskarte: Bei dieser Tageskarte werden Sie heute stabil und ausgeglichen sein. Die Wahrscheinlichkeit ist groß, dass Sie heute mit Ihrer Verwandtschaft in Kontakt kommen.

Personeneigenschaft: Seelisch stabil und ausgeglichen
Beruf: Wegen Ihrer beruflichen Tätigkeit brauchen Sie sich in Zukunft keine Sorgen zu machen, weil Ihr Arbeitsplatz sehr stabil bleibt.
Liebe: Ihre Partnerschaft wird in Zukunft stabil bleiben. Als Single werden Sie durch Ihre Ausgeglichenheit sehr gut beim anderen Geschlecht ankommen.
Geld: Ihre Finanzen bleiben in Zukunft sehr stabil. Falls Sie eine Immobilie besitzen, besagt die Karte, dass Sie für Ihr Eigenheim Geld investieren.

Haus in Verbindung mit:

Beständigkeit: Große Werkstatt, Büroräume, Familienunternehmen.
Besuch: Besuche im Haus, Zusammenkunft der Verwandten.
Botschaft: Gespräche und wichtige Informationen von den lieben Verwandten.
Brief: Nachricht von Verwandten, Dokumente von einem Haus oder einer Wohnung (Kaufvertrag, Mietvertrag, Auszug aus dem Grundbuch).
Dieb: Gefahr von Verlusten im eigenen Haus. Verwandtschaft ist sehr negativ eingestellt.
Eifersucht: Einige der Neider sind aus der Verwandtschaft und dem nächsten Umfeld.
Etwas Geld: Eine günstige Immobilie, günstige Wohnung. Verwandte sind äußerst bescheiden.
Falschheit: : Mit dem Haus stimmt etwas nicht. Unehrliche Verwandte.
Feind: Betrügereien wegen einem Haus. Betrug in der Verwandtschaft.
Fröhlichkeit: Freude am Haus, bzw. Freude mit der Wohnung. Zeigt aber auch die heitere und fröhliche Verwandtschaft an.
Gedanken: Ein junger Mann aus stabilen Verhältnissen. Ein junger Mann aus Ihrer Verwandtschaft.

Geistlicher: Spirituelles Haus (z.B. Kirche).

Geld: Geldinvestition für ein Haus. Verwandtschaft ist vermögend.

Geliebte / Geliebter: Partner hat ein Haus. Bedeutet aber auch, dass Ihr Partner in stabilen Verhältnissen lebt und sehr familiär ist.

Geschenk: Günstiges Immobilienangebot. Geschenk von der Verwandtschaft.

Glück: Glück wegen einem Haus. Glück durch Verwandte.

Heirat: Partner lebt in stabilen Verhältnissen oder besitzt auch eine Immobile.

Hoffnung: Im wohnlichen Bereich wird sich die Situation bald verbessern. Das Verhältnis zur Verwandtschaft bessert sich. Zeigt aber auch eine junge Frau aus stabilen Verhältnissen.

Kind: Erneuerungen im wohnlichen Bereich. Verwandtschaft ist kinderlieb.

Krankheit: Das Haus hat Mängel. Krankheit in der Verwandtschaft

Liebe: Ein wunderschönes Zuhause. Geborgenheit in der Verwandtschaft.

Offizier: Ein dominanter Mann aus stabilen Verhältnissen, Bauamt. Zeigt aber auch an, dass die Familie ein hohes Ansehen hat.

Reise: Wohnmobil, Ferienhaus. Zur Verwandtschaft reisen.

Richter: Entscheidung wegen einem Haus. Verwandtschaft hat eine wichtige Entscheidung zu treffen.

Sehnsucht: Träume und Wünsche wegen einem Haus werden vorerst nicht erfüllt.

Tod: Ein unverhoffter und baldiger Umzug. Eventuell auch ein Trauerfall in der Verwandtschaft.

Traurigkeit: Eine melancholische Frau aus stabilen Verhältnissen. Verwandte sind depressiv.

Treue: Das Haus bleibt erhalten. Auf die Verwandtschaft ist Verlass.

Unglück: Ein Unfall im Haus. Ein Unfall in der Verwandtschaft.

Unverhoffte Freude: Unverhoffte Überraschung in Bezug zu einem Haus. Verwandtschaft lässt sich eine Überraschung einfallen.

Verdruss: Auseinandersetzungen wegen einem Haus oder einer Wohnung. Auseinandersetzungen in der Verwandtschaft.

Verlust: Verlust eines Hauses oder Wohnung. Verlust bei Verwandten.

Witwer: Ein älterer Mann aus stabilen Verhältnissen.

Witwe: Eine ältere Frau aus stabilen Verhältnissen.

Heirat

Bedeutung: Diese Karte zeigt feste Partnerschaften. Auch symbolisiert sie moralische Wertvorstellung und Verbundenheit in anderen Lebensbereichen (z.b. starke Bindung an die Familie oder ans Auto).

Tageskarte: Der heutige Tag verläuft für Sie sehr harmonisch und sorgenfrei. Die Harmonie wird sich hauptsächlich in der Gemeinschaft oder Partnerschaft bemerkbar machen, in der Sie Ihren Mitmenschen zu verstehen geben, dass auf Sie sehr viel Verlass ist.

Personeneigenschaft: Treu und anpassungsfähig
Beruf: Sie werden das starke Gefühl haben, mit Ihrer beruflichen Tätigkeit verwachsen zu sein. Deswegen wäre es nicht ratsam, berufliche Veränderungen vorzunehmen.
Liebe: In Ihrer Partnerschaft ist Harmonie und Verbundenheit angesagt. Als Single haben Sie gute Chancen, bald einen lieben Menschen zu finden, mit dem Sie eine feste Partnerschaft eingehen können.
Geld: Im finanziellen Bereich werden Sie eine gute Zeit haben, um günstige Einkäufe zu machen und Verträge mit Geschäftspartnern abzuschließen.

Heirat in Verbindung mit:

Beständigkeit: Eine langfristige Bindung an den Arbeitgeber. Mit der Firma verheiratet sein.
Besuch: Hochzeitsgesellschaft, Verlobungsfeier oder Polterabend.
Botschaft: Gespräche rund um das Thema Partnerschaft.
Brief: Nachricht über eine Hochzeit oder Verlobung.
Dieb: Partnerschaft bringt nur Verluste.
Eifersucht: Die Partnerschaft leidet unter Eifersucht.
Etwas Geld: In der Partnerschaft werden kaum große Reichtümer aufgebaut.
Falschheit: Eine unehrliche oder falsche Partnerschaft.
Feind: Falsche Partnerschaft. Kann aber auch einen Seitensprung anzeigen.
Fröhlichkeit: Viel Freude in der Partnerschaft.
Gedanken: Ein junger Mann ist verheiratet. Gedanken und Pläne wegen einer Partnerschaft.
Geistlicher: Kirchliche Hochzeit. Eine vom Schicksal gewollte Verbindung.

Geld: Partnerschaft ist materiell geprägt. Bedeutet auch, dass der Partner in diese Ehe ein Vermögen einbringt.

Geliebte / Geliebter: Heirat mit dem Partner. Ihr Partner möchte eine feste Bindung.

Geschenk: Hochzeitsgeschenk.

Glück: Die Partnerschaft bleibt bestehen und bringt im Alltag eine glückliche Bereicherung.

Haus: Partner lebt in stabilen Verhältnissen oder besitzt auch eine Immobile.

Hoffnung: Der Wunsch nach einer festen Partnerschaft geht in Erfüllung. Eine junge Frau ist verheiratet.

Kind: Neue Partnerschaft. Kindersegen in der Partnerschaft.

Krankheit: Eine unglückliche Partnerschaft, die krank macht.

Liebe: Eine Partnerschaft, die auf wahrer Liebe basiert.

Offizier: Ein dominanter Mann ist verheiratet. Diese Kombination kann aber auch das Standesamt anzeigen.

Reise: Hochzeitsreise.

Richter: Ein juristischer Ehevertrag.

Sehnsucht: Der Wunsch nach einer festen Partnerschaft lässt noch auf sich warten.

Tod: Trennung bzw. Scheidung.

Traurigkeit: Unglückliche Partnerschaft. Melancholische Frau ist verheiratet.

Treue: Beide Partner halten zusammen.

Unglück: Eine plötzliche und unverhoffte Trennung.

Unverhoffte Freude: Plötzliche und unverhoffte Partnerschaft. Partner macht einen Heiratsantrag.

Verdruss: Auseinandersetzungen in der Partnerschaft.

Verlust: Diese Partnerschaft bleibt nicht lange bestehen.

Witwer: Ein älterer Mann ist verheiratet.

Witwe: Eine ältere Frau ist verheiratet.

Hoffnung

Bedeutung: Diese Karte ist eine Personenkarte und zeigt eine junge Frau. Auch symbolisiert sie, dass die Wünsche bald in Erfüllung gehen.

Tageskarte: Heute werden Sie eine sehr optimistische Denkweise haben. Auch zeigt die Karte an, dass Ihre Wünsche mit der Zeit in Erfüllung gehen und sich alles zum Guten wendet.

Personeneigenschaft: Positiv eingestellt und verträumt
Beruf: Ihre berufliche Situation wird sich bald verbessern. Auch zeigt die Karte, dass Sie ein gutes Arbeitsverhältnis zu einer jüngeren Kollegin haben.
Liebe: In der Partnerschaft gehen Ihre Wünsche bald in Erfüllung. Als Single werden Ihre Partnerschaftswünsche bald in Erfüllung gehen. Wenn Sie ein Mann sind, lernen Sie bald eine jüngere, positiv eingestellte Frau kennen.
Geld: Ihre Finanzielle Lage wird sich bald verbessern.

Hoffnung in Verbindung mit:

Beständigkeit: Jüngere Arbeitskollegin. Kann aber auch bedeuten, dass der Wunsch nach Besserung am Arbeitsplatz in Erfüllung geht.
Besuch: Freundeskreis ändert sich positiv. Gemeinsame Unternehmungen mit einer jüngeren Frau.
Botschaft: Gespräche mit einer jungen Frau. Durch ein Gespräch werden alle Unklarheiten und Missverständnisse beseitigt.
Brief: Lange Zeit auf eine Nachricht warten. Kann aber auch eine Nachricht von einer jüngeren Frau anzeigen.
Dieb: Eine junge Frau hat eine negative Ausstrahlung.
Eifersucht: Eine junge Frau ist auf Sie eifersüchtig.
Etwas Geld: Eine bescheidene, junge Frau. Bedeutet aber auch, dass sich die finanzielle Lage mit der Zeit verbessert.
Falschheit: Eine junge Frau ist unehrlich. Bedeutet aber auch, dass die Lügen mit der Zeit nachlassen.
Feind: Eine junge Frau will Ihnen Ärger bereiten.
Fröhlichkeit: Eine junge Frau ist sehr heiter und lebenslustig. Bedeutet aber auch, dass sich die Stimmungslage des Fragenden bald bessern wird.
Gedanken: Ein junger Mann hat eine positive Einstellung. Kann aber auch ein jüngeres Paar anzeigen.

Geistlicher: Ein fester Glauben bringt im Alltag mehr Zufriedenheit. Eine junge Frau ist spirituell veranlagt.

Geld: Eine junge Frau ist vermögend. Finanzielle Lage bessert sich von Tag zu Tag.

Geliebte / Geliebter: Wünsche Ihres Partners verwirklichen sich. Zeigt aber auch, dass Ihr Partner Kontakt zu einer jungen Frau hat.

Geschenk: Wünsche erfüllen sich. Geschenk von einer jungen Frau.

Glück: Das erwartete Glück wird noch kommen. Eine junge Frau bringt Ihnen Glück.

Haus: Im wohnlichen Bereich wird sich die Situation bald verbessern. Das Verhältnis zur Verwandtschaft bessert sich. Zeigt aber auch eine junge Frau aus stabilen Verhältnissen.

Heirat: Der Wunsch nach einer festen Partnerschaft geht in Erfüllung. Eine junge Frau ist verheiratet.

Kind: Eine junge Frau mit einem Kind. Ein Kind ist verträumt.

Krankheit: Krankheit bessert sich. Eine junge Frau ist krank.

Liebe: Eine junge Frau ist verliebt. Wünsche in der Liebe werden sich erfüllen.

Offizier: Junges Paar. Behördliche Angelegenheiten nehmen ein gutes Ende.

Reise: Eine Reise verläuft zufrieden stellend. Eine junge Frau ist reisefreudig.

Richter: Eine junge Frau muss eine Entscheidung treffen. Eine Entscheidung wird zu Ihrem Vorteil getroffen.

Sehnsucht: Eine junge Frau ist anspruchsvoll. Träume gehen in Erfüllung.

Tod: Eine junge Frau durchlebt eine schwere Zeit. Negative Gedanken.

Traurigkeit: Ein ungleiches Frauenpaar. Eine junge Frau ist traurig.

Treue: Kontakt zu einer jungen Frau bleibt erhalten. Zeigt aber auch, dass Sie Ihre Wünsche nicht aufgeben sollen.

Unglück: Eine junge Frau hat einen Schicksalsschlag. Erholung nach einem schicksalhaften Ereignis.

Unverhoffte Freude: Überraschung von einer jungen Frau. Zeigt aber auch einen freudigen Schreck an, der beispielsweise durch einen Streich kommt.

Verdruss: Auseinandersetzungen mit einer jungen Frau. Zeigt aber auch, dass Auseinandersetzungen bald zu Ende gehen.

Verlust: Hoffnungslosigkeit. Kontakt zu einer jungen Frau geht verloren.

Witwer: Ein ungleiches Paar, wo er viel älter ist als sie. Kann aber auch Vater und Tochter anzeigen.

Witwe: Mutter und Tochter.

Kind

Bedeutung: Diese Karte ist eine Personenkarte und zeigt ein Kind. Ebenso symbolisiert sie Erneuerungen bzw. einen Neubeginn. Die umliegenden Karten sagen aus, in welchem Lebensbereich das Neue eintritt.

Tageskarte: Bei dieser Tageskarte haben Sie heute das Bedürfnis, in einem bestimmten Lebensbereich einen Neubeginn zu starten und sich selbst zu verwirklichen.
Auch ist die Wahrscheinlichkeit sehr groß, dass Sie heute mit einem Kind in Kontakt kommen und mit ihm eine angenehme Zeit verbringen.

Personeneigenschaft: Offen und neugierig, eventuell auch naiv
Beruf: Im Beruf gibt es Erneuerungen. Dies könnte z.b. eine neue Abteilung, eine neue Tätigkeit oder auch eine Umstrukturierung der Firma sein.
Liebe: Ihre Partnerschaft erhält neue Impulse. Als Single sollten Sie fest damit rechnen, dass bald eine neue Partnerschaft auf Sie zukommt.
Geld: Im finanziellen Bereich bekommen Sie neue Impulse, welche Produkte für Sie geeignet sind oder wie Sie Ihr Geld anlegen können.

Kind in Verbindung mit:

Beständigkeit: Neuer Arbeitsplatz, neue Tätigkeit. Könnte aber auch, je nach Frage, Arbeiten mit Kindern anzeigen (z.B. Kindergärtnerin).
Besuch: Neue Freunde oder auch ein Kinderbesuch.
Botschaft: Gespräche, bei denen Sie wichtige Neuigkeiten erhalten.
Brief: Nachricht über eine Geburt, Nachricht von einem Kind.
Dieb: Neubeginn würde viele Verluste bringen. Ein Kind hat eine schlechte Erziehung.
Eifersucht: Eine junge Person ist auf Sie eifersüchtig.
Etwas Geld: Kindergeld. Immer wieder neue, kleine Geldzuwendungen.
Falschheit: Ein Kind ist unehrlich. Neue Lügen werden aufgetischt.
Feind: Ein Kind ist sehr egoistisch, neue Betrügereien.
Fröhlichkeit: Heiteres, kindliches Gemüt. Diese Kombination zeigt aber auch ein heiteres Kind an.
Gedanken: Ein junger Mann mit einem Kind. Pläne wegen einem Kind.
Geistlicher: Taufe, Kommunion, Konfirmation, Firmung.

Geld: Kindergeld. Zeigt aber auch einen neuen Geldzufluss oder eine neue Geldquelle.

Geliebte / Geliebter: Partner hat eine kindliche Verhaltensweise. Zeigt aber auch an, dass der Partner ein Kind hat.

Geschenk: Kinderwunsch erfüllt sich. Kleine Geschenke.

Glück: Kind bringt Glück. Glück mit einem Kind.

Haus: Erneuerungen im wohnlichen Bereich. Verwandtschaft ist kinderlieb.

Heirat: Neue Partnerschaft. Kindersegen in der Partnerschaft.

Hoffnung: Eine junge Frau mit einem Kind. Ein Kind ist verträumt.

Krankheit: Krankes Kind. Eine Krankheit ist noch im Anfangsstadium.

Liebe: Kinderlieb. Zeigt aber auch eine neue Liebe an.

Offizier: Ein dominanter Mann und sein Kind. Je nach Fragestellung zeigt die Kombination auch das Jugendamt oder eine andere öffentliche Einrichtung für Kinder (z.B. Kindergarten, Schule, Kinderheim).

Reise: Urlaub mit Kindern. Kann aber auch das neue Auto anzeigen.

Richter: Eine Entscheidung wegen dem Kind treffen. Vormundschaftsgericht.

Sehnsucht: Der Kinderwunsch bleibt vorerst unerfüllt. Kind ist anspruchsvoll.

Tod: Ein Kind hat ein schweres Schicksal zu tragen. Achtung: Diese Kombination soll nicht als Kindstod gedeutet werden.

Traurigkeit: Kind ist traurig. Das Kind hat eine wehleidige Mutter.

Treue: Kontakt zu Kindern bleibt immer bestehen.

Unglück: Kind hat einen Unfall. Unfallgefahr durch Leichtsinn.

Unverhoffte Freude: Unverhoffte Schwangerschaft. Überraschung von einem Kind.

Verdruss: Ein aggressives Kind. Zeigt aber auch Auseinandersetzungen, die wegen Kleinigkeiten provoziert werden.

Verlust: Kontakt zu Kindern wird später verloren gehen.

Witwer: Ein älterer Mann mit seinem Enkelkind.

Witwe: Eine ältere Frau mit ihrem Enkelkind.

Krankheit

Bedeutung: Diese Karte symbolisiert Krankheiten und körperliche Mängel. Auch kann sie einen materiellen Schaden anzeigen.

Tageskarte: Bei dieser Tageskarte werden Sie sich körperlich und seelisch nicht wohl fühlen und neigen dadurch bei leichten Belastungen zu körperlichen Beschwerden. Deswegen wäre es heute empfehlenswert, dass Sie sich schonen.

Personeneigenschaft: Kränklich und wehleidig
Beruf: Ihre berufliche Tätigkeit wird Sie körperlich und auch seelisch belasten. Sollten diese Beschwerden anhalten, wäre es ratsam, einen Arzt aufzusuchen, weil Sie sonst Gefahr laufen, chronisch krank zu werden.
Liebe: Ihre Partnerschaft wird einen Tiefpunkt bekommen und Sie belasten. Als Single werden Sie dem Liebeskummer leider nicht aus dem Weg gehen können und sollten deshalb versuchen, eine Abweisung nicht so dramatisch zu sehen.
Geld: Demnächst werden sich Finanzprobleme bei Ihnen bemerkbar machen. Sie sollten deshalb jetzt schon versuchen, sparsamer zu leben und finanzielle Verträge genauestens zu prüfen.

Krankheit in Verbindung mit:

Beständigkeit: Probleme und Belastungen am Arbeitsplatz.
Besuch: Freunde und Bekannte sind krank oder machen krank. Kann aber auch einen Krankenbesuch anzeigen.
Botschaft: Information über einen Krankheitsfall. Negative Gespräche machen krank.
Brief: Nachricht über einen Krankheitsfall.
Dieb: Krankheit wird durch negative Einstellung verschlimmert.
Eifersucht: Eifersucht wirkt sich auf Dauer negativ auf Ihre Gesundheit aus.
Etwas Geld: Kleine Investitionen in die Gesundheit.
Falschheit: Eine Krankheit ist seelisch bedingt.
Feind: Vorsicht vor Quacksalbern.
Fröhlichkeit: Eine Erkrankung wird wieder schnell vorüber gehen.
Gedanken: Ein junger Mann ist krank. Gedanken wegen einer Krankheit.
Geistlicher: Psychische Erkrankung.

Geld: Finanzielle Schieflage. Bedeutet auch, dass eine Krankheit finanzielle Einbußen bringt.

Geliebte / Geliebter: Partner ist krank.

Geschenk: Eine Krankheit geht nochmals gut aus.

Glück: Guter Ausgang bei einer Krankheit.

Haus: Das Haus hat Mängel. Krankheit in der Verwandtschaft

Heirat: Eine unglückliche Partnerschaft, die krank macht.

Hoffnung: Krankheit bessert sich. Eine junge Frau ist krank.

Kind: Krankes Kind. Eine Krankheit ist noch im Anfangsstadium.

Liebe: Großer Liebeskummer.

Offizier: Ein dominanter Mann ist krank. Diese Kombination kann aber auch einen Arzt anzeigen.

Reise: Eine Reise wird sehr belastend sein. Kann aber auch eine Kur anzeigen oder das Auto, welches sehr viele Mängel hat.

Richter: Aus gesundheitlichen Gründen eine Entscheidung treffen.

Sehnsucht: Eine eingebildete Krankheit.

Tod: Schwere Erkrankung, die vom Schicksal gewollt ist.

Traurigkeit: Eine melancholische Frau ist krank. Schlechte gesundheitliche Verfassung macht depressiv.

Treue: Chronische Erkrankung. Krankheit wird noch lange Zeit bleiben.

Unglück: Unfall mit längerem Krankheitsverlauf.

Unverhoffte Freude: Krankheit geht wieder unverhofft vorbei.

Verdruss: Psychische Erkrankung, Hysterie.

Verlust: Ein Krankheit, die schnell vorbei geht.

Witwer: Ein älterer Mann ist krank.

Witwe: Eine ältere Frau ist krank.

Achtung: An dieser Stelle möchte ich Ihnen noch den Hinweis geben, dass Wahrsagekarten nicht den Arzt ersetzen können. Deshalb sollten Sie bei psychischen und körperlichen Problemen und Erkrankungen immer einen Arzt oder Psychologen aufsuchen.

Liebe

Bedeutung: Diese Karte zeigt Liebe und Harmonie an. Ebenso symbolisiert sie alle Herzensangelegenheiten, mit denen Sie im Alltag konfrontiert werden.

Tageskarte: Bei dieser Tageskarte werden Sie heute einen harmonischen und herzlichen Tag haben. Die Wahrscheinlichkeit ist äußerst hoch, dass einer Ihrer Mitmenschen Ihnen seine Sympathie zeigt und Ihnen erklärt, dass er Sie mag.

Personeneigenschaft: Herzlich und liebenswert
Beruf: Sie werden erkennen, dass Sie Ihre berufliche Tätigkeit sehr lieben und diese niemals gegen einen anderen Beruf eintauschen würden.
Liebe: Ihre Partnerschaft wird in Zukunft voller Harmonie sein. Als Single werden Sie bald die besten Chancen haben, um einen lieben Menschen kennen zu lernen.
Geld: Im finanziellen Bereich werden Sie bald eine herzliche Überraschung haben. Auch ist die Wahrscheinlichkeit groß, dass Sie bald einen finanzielles Angebot bekommen, welches Sie nicht abschlagen sollten.

Liebe in Verbindung mit:

Beständigkeit: Spaß und Freude im Beruf.
Besuch: Rendezvous, Begegnung mit der großen Liebe.
Botschaft: Eine neue Liebe kündigt sich an. Liebesbezeugung.
Brief: Liebesbrief.
Dieb: Gefühle werden durch negative Einstellung verdrängt.
Eifersucht: Man erwartet, dass Sie Liebe empfinden.
Etwas Geld: Diese Liebe wird geschätzt. Für den Aufbau einer Partnerschaft werden keine großen Reichtümer erwartet.
Falschheit: Unehrliche Liebe. Mit den Gefühlen nicht ehrlich sein.
Feind: Ihre Liebe wird vom Partner ausgenutzt.
Fröhlichkeit: Die Liebe versüßt den Alltag.
Gedanken: Ein junger Mann ist verliebt. Gedanken wegen der Liebe.
Geistlicher: Diese Liebe ist Bestimmung.
Geld: Für die Liebe wird gerne etwas investiert.
Geliebte / Geliebter: Partner ist verliebt und sehr liebenswert.
Geschenk: Ein Geschenk vom Liebsten. Geschenke erhalten die Liebe.

Glück: Die Liebe steigert das Glücksgefühl.
Haus: Ein wunderschönes Zuhause. Geborgenheit in der Verwandtschaft.
Heirat: Eine Partnerschaft, die auf wahrer Liebe basiert.
Hoffnung: Eine junge Frau ist verliebt. Wünsche in der Liebe erfüllen sich.
Kind: Kinderlieb. Zeigt aber auch eine neue Liebe an.
Krankheit: Großer Liebeskummer.
Offizier: Ein dominanter Mann ist verliebt.
Reise: Liebesurlaub. Das eigene Auto hat eine große Bedeutung.
Richter: Entscheidung wegen der Liebe treffen.
Sehnsucht: Hohe Ansprüche an die Liebe. Bis die große Liebe kommt, ist noch etwas Geduld erforderlich.
Tod: Das Ende einer großen Liebe.
Traurigkeit: Leichter Liebeskummer. Eine melancholische Frau ist verliebt.
Treue: Die Liebe bleibt. Auf Ihre Gefühle können Sie sich verlassen.
Unglück: Ein Schock in der Liebe (z.b. durch Seitensprung).
Unverhoffte Freude: Die Liebe kommt plötzlich und unverhofft.
Verdruss: Auseinandersetzungen zerstören die Liebe.
Verlust: Die Liebe wird bald verloren gehen.
Witwer: Ein älterer Mann ist verliebt. Diese Kombination zeigt aber auch an, dass ein älterer Mann liebenswert und herzlich ist.
Witwe: Eine ältere Frau ist verliebt. Die Kombination zeigt aber auch an, dass eine ältere Frau liebenswert und herzlich ist.

Offizier

Beschreibung: Diese Karte zeigt einen Mann, der einflussreich oder dominant ist. Auch symbolisiert sie eine Behörde.

Tageskarte: Wenn Sie heute diese Tageskarte ziehen, kommen Sie mit einem dominanten Mann in Kontakt. Es ist aber auch möglich, dass ein Schreiben oder ein Anruf von einer Behörde kommt.

Personeneigenschaft: Dominant und sehr selbstbewusst
Beruf: Das Arbeitsklima wird in Zukunft disziplinierter und strenger sein. Sie sollten auch damit rechnen, dass in Zukunft eine dominante, männliche Person den Ablauf in Ihrer Abteilung bestimmt.
Liebe: Ihre Partnerschaft wird in Zukunft durch feste Regeln und Grundsätze bestimmt. Als Single werden Sie dominanter und selbstbewusster auftreten. Wenn Sie ein Frau sind, lernen Sie bald einen dominanten Mann kennen.
Geld: Im finanziellen Bereich sind Sie diszipliniert und lassen sich kaum von Ihren Gefühlen leiten.

Offizier in Verbindung mit:

Beständigkeit: Dominanter Arbeitskollege. Amtsperson mit viel Einfluss.
Besuch: Unternehmungen mit einem dominanten Mann. Mit einer Behörde konfrontiert werden.
Botschaft: Gespräche mit einem dominanten Mann. Mitteilung einer Behörde.
Brief: Amtlicher Brief. Nachricht von einem dominanten Mann.
Dieb: Ein dominanter Mann oder eine Amtsperson fügt Ihnen einen Schaden zu.
Eifersucht: Dominanter Mann oder eine Amtsperson ist auf Sie eifersüchtig.
Etwas Geld: Ein dominanter Mann hat ein geringes Einkommen.
Falschheit: Ein dominanter Mann ist sehr unehrlich. Bedeutet aber auch, dass bei einer Behörde Fehler gemacht werden.
Feind: Ein dominanter Mann will Ihnen Ärger bereiten. Amtsmissbrauch.
Fröhlichkeit: Ein dominanter Mann ist sehr heiter und lebenslustig.
Gedanken: Ein dominanter Mann ist sehr nachdenklich. Gedanken wegen einer Behörde.
Geistlicher: Ein dominanter Mann mit spiritueller Erfahrung (z.B. Pfarrer). Diese Kombination kann aber auch die Kirche als Behörde anzeigen.

Geld: Ein dominanter Mann ist vermögend. Diese Kombination zeigt auch das Finanzamt an.

Geliebte / Geliebter: Partner ist eigenwillig und autoritär. Zeigt aber auch an, dass der Partner Kontakt zu einer einflussreichen Person hat.

Geschenk: Ein Geschenk von einem dominanten Mann. Behörde geht auf Ihre Wünsche ein.

Glück: Ein dominanter Mann bringt Ihnen Glück. Glück wegen behördlicher Angelegenheit.

Haus: Ein dominanter Mann aus stabilen Verhältnissen, Bauamt. Zeigt aber auch an, dass die Familie ein hohes Ansehen hat.

Heirat: Ein dominanter Mann ist verheiratet. Die Kombination kann aber auch das Standesamt anzeigen.

Hoffnung: Junges Paar. Behördliche Angelegenheiten nehmen ein gutes Ende.

Kind: Ein dominanter Mann und sein Kind. Je nach Fragestellung zeigt die Kombination auch das Jugendamt oder eine andere öffentliche Einrichtung für Kinder an (z.B. Kindergarten, Schule, Kinderheim).

Krankheit: Ein dominanter Mann ist krank. Diese Kombination kann aber auch einen Arzt anzeigen.

Liebe: Ein dominanter Mann ist verliebt.

Reise: Reise mit einem dominanten Mann. Diese Kombination kann aber auch eine Behörde anzeigen, die viel mit dem Ausland zu tun hat (auswärtiges Amt).

Richter: Ein dominanter Mann muss eine Entscheidung treffen. In sehr vielen Fällen zeigt diese Kombination auch das Gericht und den Richter an.

Sehnsucht: Ein dominanter Mann hat Träume und ist sehr anspruchsvoll.

Tod: Ein dominanter Mann durchlebt eine schwere Zeit. Friedhofsamt.

Traurigkeit: Ein junges Paar, wobei er dominant und sie melancholisch ist.

Treue: Kontakt zu einem dominanten Mann bleibt erhalten.

Unglück: Ein dominanter Mann hat einen Schicksalsschlag. Schwierigkeiten mit einer Behörde.

Unverhoffte Freude: Eine Überraschung von einem dominanten Mann oder eine Erleichterung wegen einer behördlichen Angelegenheit.

Verdruss: Streit mit einem dominanten Mann. Streit mit einer Behörde.

Verlust: Kontakt zu einem dominanten Mann geht verloren. Bemühungen auf einer Behörde sind vergebens.

Witwer: Ein älterer Mann und sein dominanter Sohn. Alten- und Pflegeheim.

Witwe: Eine ältere Frau und ihr dominanter Sohn. Alten- und Pflegeheim.

Reise

Bedeutung: Die Karte symbolisiert eine Reise oder ein Fortbewegungsmittel. Beim Fortbewegungsmittel wird meistens das eigene Auto angezeigt. Es kann sich aber auch um ein Schiff, Motorrad, Flugzeug oder Zug handeln.

Tageskarte: Bei dieser Tageskarte haben Sie das große Bedürfnis, endlich mal etwas anderes zu sehen und verspüren eine große Lust, um zu verreisen.

Personeneigenschaft: Unternehmungslustig und aktiv
Beruf: Sie werden Ihre Arbeiten mit mehr Schwung in Angriff nehmen und die lange hinausgeschobene Verpflichtungen endlich erledigen.
Liebe: Eine gemeinsame Reise oder Fahrt bringt in der Partnerschaft neue Impulse. Als Single werden Sie auf einer Fahrt die besten Chancen haben, um einen netten Menschen kennen zu lernen.
Geld: In der nächsten Zeit stehen neue Ausgaben an, die Ihren finanziellen Rahmen sprengen könnten (Reise, neues Auto, Autoreparatur).

Reise in Verbindung mit:

Beständigkeit: Berufliche Reise. Kann aber auch bedeuten, dass die Firma viel mit Reisen zu tun hat (z.B. Spedition, Reisebüro, Taxiunternehmen).
Besuch: Gruppenreise. Zu Freunden verreisen.
Botschaft: Es wird viel über Reisen gesprochen (z.B. Urlaubspläne).
Brief: Reiseunterlagen, Führerschein, Dokumente vom Auto (Kfz-Brief, Kfz-Zulassung).
Dieb: Eine Reise oder Fahrt wird Ihnen nicht gefallen.
Eifersucht: Ihre Mitmenschen sind neidisch auf Ihr Auto oder gönnen Ihnen keinen Erholungsurlaub.
Etwas Geld: Eine günstige Reise, ein günstiges Auto.
Falschheit: Bei einer Reise läuft etwas falsch. Fehler am Auto.
Feind: Betrug auf einer Reise. Betrug wegen dem Auto.
Fröhlichkeit: Viel Spaß auf einer Reise. Freude mit dem Auto.
Gedanken: Ein junger Mann ist auf Reise. Reisepläne.
Geistlicher: Phantasiereise, spirituelle Reisen, Träume.
Geld: Eine Reise kostet viel Geld. Geld für ein Auto investieren.
Geliebte / Geliebter: Partner ist reisefreudig und unternehmungslustig.

Geschenk: Eine Reise als Geschenk.

Glück: Eine glückliche Reise. Glück wegen dem Auto.

Haus: Wohnmobil, Ferienhaus. Zur Verwandtschaft reisen.

Heirat: Hochzeitsreise.

Hoffnung: Eine Reise verläuft äußerst zufrieden stellend. Eine junge Frau ist reisefreudig.

Kind: Urlaub mit Kindern. Kann aber auch das neue Auto anzeigen.

Krankheit: Eine Reise wird sehr belastend sein. Kann aber auch eine Kur oder das Auto anzeigen, welches sehr viele Mängel hat.

Liebe: Liebesurlaub. Das eigene Auto hat eine große Bedeutung.

Offizier: Reise mit einem dominanten Mann. Diese Kombination kann auch eine Behörde anzeigen, die viel mit dem Ausland zu tun hat (auswärtiges Amt).

Richter: Entscheidung wegen einer Reise.

Sehnsucht: Der Wunsch nach einer Reise oder einem eigenen Auto wird sich vorerst nicht erfüllen.

Tod: Eine schicksalhafte Reise mit vielen Hindernissen.

Traurigkeit: Eine melancholische Frau ist reisefreudig. Eine Reise wird sehr enttäuschend sein.

Treue: Reisefreude wird in Zukunft anhalten.

Unglück: Verkehrsunfall. Unfall während einer Reise.

Unverhoffte Freude: Eine spontane und schöne Reise.

Verdruss: Auseinandersetzungen auf einer Reise. Streit wegen dem Auto.

Verlust: Reise findet doch nicht statt.

Witwer: Ein älterer Mann ist reisefreudig.

Witwe: Eine ältere Frau ist reisefreudig.

Richter

Bedeutung: Diese Karte symbolisiert Entscheidungen, die in der nächsten Zeit noch zu treffen sind. Je nach Frage zeigt sie aber auch juristische Personen oder das Gericht an.

Tageskarte: Bei dieser Tageskarte werden Sie sehr entscheidungsfreudig sein. Auch besagt die Karte, dass Sie sehr viel Wert auf Fairness und Gerechtigkeit legen.

Personeneigenschaft: Fair und gerecht
Beruf: Im Beruf wird Fairness und Gerechtigkeit für Sie eine bedeutende Rolle spielen. Sollten Sie die Arbeit gewissenhaft und ehrgeizig ausführen, brauchen Sie sich keine Sorgen um Ihre berufliche Zukunft zu machen.
Liebe: In der Partnerschaft werden wichtige Entscheidungen getroffen. Als Single werden Sie vor der schwierigen Entscheidung stehen, welche Person Ihnen am sympathischsten ist und mit wem Sie bereit sind, eine Partnerschaft einzugehen.
Geld: Im finanziellen Bereich müssen Sie Entscheidungen treffen, wie Sie in der nächsten Zeit Ihre Finanzen regeln.

Richter in Verbindung mit:

Beständigkeit: Eine berufliche Entscheidung treffen. Ein juristischer Beruf (z.B. Richter, Rechtsanwalt, Staatsanwalt).
Besuch: Entscheidung bezüglich der Freunde treffen. Die Kombination deutet auch auf ein Treffen mit einer juristischen Person hin.
Botschaft: Gespräche wegen einer wichtigen Entscheidung.
Brief: Mitteilung vom Gericht. Nachricht über eine Entscheidung, die erfolgt ist und Sie betrifft.
Dieb: Juristische Amtsperson (Richter, Rechtsanwalt, Staatsanwalt) fügt Ihnen einen Schaden zu.
Eifersucht: Neider wegen einer Entscheidung, die Ihnen zugute kommt.
Etwas Geld: Rechtsangelegenheit oder Entscheidung wegen einer kleineren Geldsumme.
Falschheit: Falsche bzw. ungerechte Entscheidung.

Feind: Eine Entscheidung wegen einem Betrug treffen. Einen Rechtsanwalt wegen einem Betrug aufsuchen.

Fröhlichkeit: Eine positive und optimistische Entscheidung. Ein Jurist ist sehr heiter.

Gedanken: Junger Mann muss eine Entscheidung treffen. Gedanken wegen einer Entscheidung.

Geistlicher: Gerechtigkeit aus dem Glauben heraus.

Geld: Eine finanzielle Entscheidung treffen. Finanzielle Angelegenheit vor dem Gericht.

Geliebte / Geliebter: Partner muss eine wichtige Entscheidung treffen. Zeigt aber auch an, dass er Kontakt zu juristischen Personen hat.

Geschenk: Eine Entscheidung wird wie ein Geschenk sein.

Glück: Eine glückliche und positive Entscheidung.

Haus: Entscheidung wegen einem Haus. Verwandtschaft hat eine wichtige Entscheidung zu treffen.

Heirat: Ein juristischer Ehevertrag.

Hoffnung: Junge Frau muss eine Entscheidung treffen. Eine Entscheidung wird zu Ihrem Vorteil getroffen.

Kind: Eine Entscheidung wegen dem Kind treffen. Vormundschaftsgericht.

Krankheit: Aus gesundheitlichen Gründen eine Entscheidung treffen.

Liebe: Entscheidung wegen der Liebe treffen.

Offizier: Ein dominanter Mann muss eine Entscheidung treffen. In sehr vielen Fällen zeigt diese Kombination auch das Gericht und den Richter an.

Reise: Entscheidung wegen einer Reise.

Sehnsucht: Die gewünschte und richtige Entscheidung wird nicht getroffen.

Tod: Testament. Erbschaftssachen werden vor dem Gericht ausgetragen.

Traurigkeit: Eine melancholische Frau muss eine Entscheidung treffen. Wegen einer Entscheidung unzufrieden sein.

Treue: Bei einer Entscheidung werden Sie bedacht.

Unglück: Eine Entscheidung nach einem Unglücksfall. Sehr oft zeigt diese Kombination ein Gerichtsurteil wegen Fahrlässigkeit.

Unverhoffte Freude: Eine Entscheidung wird unverhofft zu Ihren Gunsten getroffen.

Verdruss: Auseinandersetzung wegen einer Entscheidung. Streitigkeiten vor Gericht.

Verlust: Eine Entscheidung wird nicht zu Ihren Gunsten getroffen. Einen Prozess verlieren.

Witwer: Ein älterer Mann muss eine Entscheidung treffen.

Witwe: Eine ältere Frau muss eine Entscheidung treffen.

Sehnsucht

Bedeutung: Die Karte zeigt Wünsche und Träume an, die jedoch unrealistisch und deshalb schwer in die Praxis umzusetzen sind.

Tageskarte: Bei dieser Tageskarte werden Sie sich heute Ihren Träumen und Wünschen hingeben und sich Ihren Alltag so ausmalen, wie Sie es gerne hätten.
Leider bleiben die meisten Wünsche nur Illusionen, da Sie schwer umzusetzen sind.

Personeneigenschaft: Anspruchsvoll und unrealistisch
Beruf: Sie haben auf der Arbeit hohe Ansprüche und Erwartungen. Allerdings werden Sie erkennen müssen, dass diese Ansprüche nicht gedeckt werden und Sie Ihren beruflichen Alltag leider so akzeptieren müssen, wie er ist.
Liebe: Für Ihre Partnerschaft werden Sie viele Erwartungen haben, die aber nicht gedeckt werden können. Als Single werden Sie sich nach dem perfekten Traumpartner sehnen und später jedoch erkennen müssen, dass jeder Mensch nicht nur Stärken, sondern auch Schwächen hat.
Geld: Ihre finanziellen Ansprüche werden in der nächsten Zeit sehr hoch und unrealistisch sein.

Sehnsucht in Verbindung mit:

Beständigkeit: Sehnsucht nach einer anderen Tätigkeit.
Besuch: Sehnsucht nach einem neuen Freundeskreis.
Botschaft: Sehnsucht nach Gesprächen oder einem Gesprächspartner.
Brief: Sehnsucht nach einer positiven Nachricht.
Dieb: Wünsche werden sich nicht erfüllen und machen Sie deswegen traurig und unzufrieden.
Eifersucht: Sehnsucht, dass die Neider wieder verschwinden.
Etwas Geld: Träume und Sehnsüchte sind bescheiden.
Falschheit: Träume und Sehnsüchte sind überzogen.
Feind: Hinterhältigkeit.
Fröhlichkeit: Sehnsucht nach einer stimmungsvollen Zeit.
Gedanken: Ein junger Mann hat Träume. Gedanken an ein besseres Leben.

Geistlicher: Die Suche nach dem Sinn des Lebens und dem richtigen Glauben.

Geld: Sehnsucht nach Reichtum und Wohlstand.

Geliebte / Geliebter: Partner hat viele Träume und Vorstellungen, die sich aber nicht verwirklichen lassen.

Geschenk: Erwartungen sind zu hoch und erfüllen sich nicht.

Glück: Das Glück lässt noch auf sich warten.

Haus: Träume und Wünsche wegen einem Haus werden vorerst nicht erfüllt.

Heirat: Der Wunsch nach einer festen Partnerschaft lässt noch auf sich warten.

Hoffnung: Eine junge Frau ist anspruchsvoll. Träume gehen in Erfüllung.

Kind: Der Kinderwunsch bleibt vorerst unerfüllt. Kind ist anspruchsvoll.

Krankheit: Eine eingebildete Krankheit.

Liebe: Hohe Ansprüche an die Liebe. Bis die große Liebe kommt, ist noch etwas Geduld erforderlich.

Offizier: Ein dominanter Mann ist sehr anspruchsvoll.

Reise: Der Wunsch nach einer Reise oder einem eigenen Auto wird sich vorerst nicht erfüllen.

Richter: Die gewünschte und richtige Entscheidung wird nicht getroffen.

Tod: Todessehnsucht. Schwere Depression.

Traurigkeit: Eine melancholische Frau ist sehr anspruchsvoll. Gedankenleere, keine Motivation.

Treue: Überzogene Erwartungen und hohe Ansprüche werden auch in Zukunft bleiben.

Unglück: Fahrlässiges Verhalten, welches zu einem Unfall führt.

Unverhoffte Freude: Hoffnung auf einen guten Ausgang. Positiv denkend.

Verdruss: Auseinandersetzung wegen hoher Ansprüche.

Verlust: Wünsche und Träume werden aufgegeben. Hoffnungslosigkeit.

Witwer: Ein älterer Mann ist sehr anspruchsvoll.

Witwe: Eine ältere Frau ist sehr anspruchsvoll.

Tod

Bedeutung: Diese Karte zeigt an, dass eine Situation oder eine Lebensphase beendet wird. Sie symbolisiert auch schlimme Ereignisse, die einen Schreck auslösen können. Allerdings zeigt Sie in den wenigsten Fällen den Tod an.

Tageskarte: Bei dieser Tageskarte, werden Sie heute sehr negativ denken und das Gefühl haben, dass etwas in Ihrem tiefsten Inneren gestorben ist.

Personeneigenschaft: Sehr negativ und pessimistisch eingestellt
Beruf: Beruflich werden Sie durch einige Ereignisse negativ gestimmt.
Auch werden Sie das Gefühl von Abschied verspüren, weil Ihre Firma einen großen Wandel vollzieht und Sie sich von den liebgewordenen Gewohnheiten verabschieden müssen.
Liebe: In der Liebe wird sich ein negativer Wandel vollziehen. Dabei besteht durchaus die Gefahr, dass die Partnerschaft zerbricht. Als Single werden Sie durch negative Erfahrungen sehr enttäuscht und verspüren deshalb auch das Gefühl von Liebeskummer.
Geld: Finanziell läuft es in Zukunft nicht mehr so gut und Sie erleiden durch negative Ereignisse finanzielle Einbußen. Sollte es Ihnen jedoch finanziell jetzt schon mittelmäßig bis schlecht gehen, deutet die Karte auf eine Erbschaft hin.

Tod in Verbindung mit:

Beständigkeit: Ende einer beruflichen Phase, Arbeitslosigkeit.
Besuch: Vorsicht vor Ihren Freunden. Einige Ihrer Mitmenschen meinen es mit Ihnen nicht gut und fügen Ihnen ein großes Unheil zu.
Botschaft: Negative Gespräche und Informationen (z.B. über einen Todesfall).
Brief: Offizielle Mitteilung über einen negativen Vorfall (z.B. Tod).
Dieb: Ein schlimmes Ereignis wird durch andere Personen ausgenutzt.
Eifersucht: Neider wünschen Ihnen den Tod.
Etwas Geld: Kleine Geldsumme aus einer Erbschaft.
Falschheit: Ein großer Schaden, der durch eine Lüge verursacht wird.
Feind: Betrügereien rufen einen großen Schaden hervor.
Fröhlichkeit: Auf Regen folgt Sonnenschein.
Gedanken: Gedanken über den Tod. Ein junger Mann durchlebt eine schwere Zeit.
Geistlicher: Trauerfall, Beerdigung.

Geld: Erbschaft.

Geliebte / Geliebter: Partner durchlebt eine schwere Zeit.

Geschenk: Ein Geschenk verändert die Lebenseinstellung.

Glück: Eine neue Lebensphase beginnt.

Haus: Ein unverhoffter und baldiger Umzug. Eventuell auch ein Trauerfall in der Verwandtschaft.

Heirat: Trennung bzw. Scheidung.

Hoffnung: Eine junge Frau durchlebt eine schwere Zeit. Negative Gedanken.

Kind: Ein Kind hat ein schweres Schicksal zu tragen.
Achtung: Diese Kombination soll nicht als Kindstod gedeutet werden.

Krankheit: Schwere Erkrankung, die vom Schicksal gewollt ist.

Liebe: Das Ende einer großen Liebe.

Offizier: Ein dominanter Mann durchlebt eine schwere Zeit. Friedhofsamt.

Reise: Eine schicksalhafte Reise mit vielen Hindernissen.

Richter: Testament. Erbschaftssachen werden vor dem Gericht ausgetragen.

Sehnsucht: Todessehnsucht. Schwere Depression.

Traurigkeit: Schicksalsschläge hinterlassen seelische Spuren. Melancholische Frau durchlebt eine schwere Zeit.

Treue: Schicksalsschläge und negative Ereignisse werden noch einige Zeit andauern.

Unglück: Ein großes Unglück verändert die Lebensphilosophie.

Unverhoffte Freude: Schicksalsschläge dauern nur eine kurze Zeit an.

Verdruss: Schwerste Auseinandersetzungen und Gewaltausbrüche.

Verlust: Verluste nach einem schlimmen Vorfall (materiell und seelisch).

Witwer: Ein älterer Mann durchlebt eine schwere Zeit.

Witwe: Eine ältere Frau durchlebt eine schwere Zeit.

Traurigkeit

Bedeutung: Diese Karte ist eine Personenkarte und zeigt eine melancholische und wehleidige Frau. Ebenso symbolisiert sie Trauer, leichten Kummer und Unzufriedenheit.

Tageskarte: Heute werden Sie sich seelisch nicht wohl fühlen und neigen deshalb zur Melancholie und leichter Depression. Sollte Ihre Laune aber nicht so bedrückend sein, ist die Wahrscheinlichkeit hoch, dass andere Menschen Sie mit deren negativer Einstellung traurig stimmen.

Personeneigenschaft: Melancholisch und wehleidig
Beruf: Das Betriebsklima wird durch die negative Einstellung Ihrer Kollegen sehr erdrückend sein. Die Karte zeigt aber auch eine wehleidige Kollegin, mit der Sie in Zukunft zusammenarbeiten müssen.
Liebe: Ihre Partnerschaft wird von Trauer und Wehleidigkeit geprägt sein. Als Single werden Sie sich sehr einsam fühlen. Wenn Sie ein Mann sind, lernen Sie bald eine wehleidige Frau kennen.
Geld: Im finanziellen Bereich werden Sie durch eine gezwungene Sparsamkeit sehr traurig und unzufrieden sein.

Traurigkeit in Verbindung mit:

Beständigkeit: Arbeit bzw. Tätigkeit macht keinen Spaß. Könnte aber auch eine Kollegin anzeigen, die sehr melancholisch ist.
Besuch: Unternehmungen mit einer empfindlichen und melancholischen Frau. Kann aber auch bedeuten, dass der Freundeskreis Sie sehr traurig stimmt.
Botschaft: Traurige Informationen. Depressive Gespräche mit einer Frau.
Brief: Eine traurige Nachricht. Kann aber auch eine Nachricht von einer jungen melancholischen Frau bedeuten.
Dieb: Eine junge Frau strahlt ihren Trübsal auf andere Menschen aus.
Eifersucht: Eine junge und melancholische Frau ist auf Sie eifersüchtig. Die Neider anderer Menschen stimmen Sie sehr traurig.
Etwas Geld: Eine melancholische Frau lebt in bescheidenen Verhältnissen. Zeigt aber auch Traurigkeit wegen der spärlichen Finanzen.
Falschheit: Eine melancholische Frau ist sehr unehrlich. Traurigkeit, weil das Umfeld so unehrlich ist.
Feind: Depressive Stimmung wegen der hinterhältigen Mitmenschen.

Fröhlichkeit: Eine melancholische Frau durchlebt eine heitere Lebensphase. Diese Kombination zeigt aber auch Stimmungsschwankungen an.

Gedanken: Ein junges Paar. Melancholische Gedanken.

Geistlicher: Eine junge melancholische Frau ist spirituell veranlagt. Vom Glauben enttäuscht und Zweifel an Gott.

Geld: Eine melancholische Frau ist vermögend. Bedeutet aber auch, dass Geld nicht glücklich macht.

Geliebte / Geliebter: Partner ist traurig. Zeigt aber auch an, dass er Kontakt zu einer melancholischen Frau hat.

Geschenk: Ein Geschenk von einer melancholischen Frau. Ein Geschenk stimmt sehr traurig.

Glück: Eine melancholische Frau bringt Glück. Das Glück wird nicht erkannt.

Haus: Eine melancholische Frau aus stabilen Verhältnissen. Verwandtschaft ist depressiv.

Heirat: Eine unglückliche Partnerschaft. Melancholische Frau ist verheiratet.

Hoffnung: Ein ungleiches Frauenpaar. Eine junge Frau ist traurig.

Kind: Kind ist traurig. Das Kind hat eine wehleidige Mutter.

Krankheit: Eine melancholische Frau ist krank. Schlechte gesundheitliche Verfassung macht depressiv.

Liebe: Leichter Liebeskummer. Eine melancholische Frau ist verliebt.

Offizier: Ein junges Paar, wobei er dominant und sie melancholisch ist.

Reise: Eine melancholische Frau ist sehr reisefreudig. Eine Reise wird sehr enttäuschend sein.

Richter: Eine melancholische Frau muss eine Entscheidung treffen. Wegen einer Entscheidung unzufrieden sein.

Sehnsucht: Eine melancholische Frau ist sehr anspruchsvoll. Gedankenleere und Motivationslosigkeit.

Tod: Schicksalsschläge hinterlassen seelische Spuren. Melancholische Frau durchlebt eine schwere Zeit.

Treue: Kontakt zu einer melancholischen Frau bleibt bestehen. Depressive Stimmung bleibt bestehen.

Unglück: Eine melancholische Frau hat einen Schicksalsschlag.

Unverhoffte Freude: Eine melancholische Frau ist launisch. Die Kombination zeigt aber auch schwere Stimmungsschwankungen an.

Verdruss: Auseinandersetzungen mit einer melancholischen Frau.

Verlust: Kontakt zu einer melancholischen Frau geht verloren. Depression geht wieder vorbei.

Witwer: Ein älterer Mann mit einer melancholischen Frau.

Witwe: Ein Frauenpaar. Ältere Frau ist sehr wehleidig.

Treue

Bedeutung: Diese Karte symbolisiert Dauerhaftigkeit und besagt, dass der Alltag in gewohnter, routinierter Weise verläuft und keine Veränderungen zu erwarten sind. Auch zeigt sie Mitmenschen, auf die wir uns verlassen können und mit denen wir noch in mehreren Jahren Kontakt haben werden.

Tageskarte: Der heutige Tag wird sehr routiniert und alltäglich verlaufen. Dadurch kann es sein, dass im Laufe des Tages auch Langeweile aufsteigt.

Personenbeschreibung: Zuverlässig und geradlinig
Beruf: Der berufliche Alltag wird in Zukunft routiniert und in gewohnter Weise verlaufen. Ängste vor möglicher Arbeitslosigkeit werden unbegründet sein, weil die Firma keine Umstrukturierung anstrebt.
Liebe: In der Partnerschaft brauchen Sie nichts zu befürchten, weil Ihr Partner treu und zuverlässig ist. Als Single werden Sie bald davon profitieren, dass Sie einen lieben Menschen kennen lernen, der sehr treu und zuverlässig ist.
Geld: In diesem Bereich wird es keine finanziellen Schwankungen geben. Auch können Sie finanziell profitieren und sich ein Vermögen aufbauen, wenn Sie Ihr Geld langfristig anlegen.

Treue in Verbindung mit:

Beständigkeit: Berufliche Tätigkeit wird bis zum Rentenalter ausgeübt.
Besuch: Auf Ihre Freunde und Verwandte können Sie sich immer verlassen.
Botschaft: Offene Gespräche, ehrliche Mitteilungen.
Brief: Auf den Inhalt einer Nachricht können Sie sich verlassen.
Dieb: Das Vertrauen in andere Personen geht verloren. Eine Person will Ihr Vertrauen missbrauchen.
Eifersucht: Eine verlässliche und treue Person ist auf Sie eifersüchtig. Neid und Eifersucht bleiben noch lange Zeit bestehen.
Etwas Geld: Keine großen Reichtümer, dafür aber ein sicheres Einkommen.
Falschheit: Die Lügen bleiben noch einige Zeit im Umlauf.
Feind: Betrügereien werden noch andauern.
Fröhlichkeit: Freude und Heiterkeit bleiben bestehen.
Gedanken: Der Kontakt zu einem jungen Mann bleibt erhalten. Moralische Gedanken, Gedanken über Freunde.
Geistlicher: Dem Glauben und der Spiritualität treu bleiben.

Geld: Stabile Finanzen. Geldzufluss bleibt bestehen.
Geliebte / Geliebter: Auf den Partner ist Verlass.
Geschenk: Kleine Geschenke erhalten die Freundschaft.
Glück: Das Glück bleibt bestehen.
Haus: Das Haus bleibt erhalten. Auf die Verwandtschaft ist Verlass.
Heirat: Beide Partner halten zusammen.
Hoffnung: Kontakt zu einer jungen Frau bleibt erhalten. Zeigt aber auch, dass Sie Ihre Wünsche nicht aufgeben sollen.
Kind: Kontakt zu Kindern bleibt immer bestehen.
Krankheit: Chronische Erkrankung. Krankheit wird noch lange Zeit bleiben.
Liebe: Die Liebe bleibt. Auf Ihre Gefühle können Sie sich verlassen.
Offizier: Kontakt zu einem dominanten Mann bleibt erhalten.
Reise: Reisefreude wird in Zukunft anhalten.
Richter: Bei einer Entscheidung werden Sie bedacht.
Sehnsucht: Überzogene Erwartungen und hohe Ansprüche bleiben auch in Zukunft.
Tod: Schicksalsschläge und negative Ereignisse werden noch einige Zeit lang andauern.
Traurigkeit: Der Kontakt zu einer melancholischen Frau bleibt bestehen. Depressive Stimmung bleibt bestehen.
Unglück: Ein Schicksalsschlag wird dem nächsten folgen.
Unverhoffte Freude: Zuverlässige Mitmenschen machen glücklich.
Verdruss: Auseinandersetzungen bleiben noch bestehen.
Verlust: Große Verluste werden noch Zeit brauchen, bis sie überwunden sind.
Witwer: Kontakt zu einem älteren Mann bleibt erhalten.
Witwe: Kontakt zu einer älteren Frau bleibt erhalten.

Unglück

Bedeutung: Diese Karte symbolisiert Schicksalsschläge, Misslingungen und Unfälle. Jedoch zeigt sie in den seltensten Fällen den körperlichen Tod an, sondern warnt nur vor den möglichen Gefahren im Alltag.

Tageskarte: Bei der Tageskarte sollten Sie äußerst vorsichtig sein, weil heute die Unfallgefahr groß ist. Auch wäre es bei der schlechten Konstellation sehr ratsam, besondere Erledigungen auf einen anderen Zeitpunkt zu verschieben.

Personeneigenschaft: Tollpatschig und unfallgefährdet
Beruf: Auf der Arbeit ist das betriebliche Klima und das Verhältnis zum Vorgesetzten sehr schlecht. Deshalb sollten Arbeitsfehler, die eine Abmahnung zur Folge hätte, nach Möglichkeit vermieden werden.
Liebe: In der Partnerschaft sollten Sie auf unliebsame Überraschungen gefasst sein (heftige Auseinandersetzungen, Trennung, großer Liebeskummer). Als Single werden Sie es ebenfalls nicht sehr leicht haben, was zur Folge hat, dass sich großer Liebeskummer bemerkbar macht.
Geld: Seien Sie beim Umgang mit Ihrem Geld sehr vorsichtig, weil die Gefahr sehr groß ist, dass Sie finanzielle Verluste erleiden.

Unglück in Verbindung mit:

Beständigkeit: Plötzliches und negatives, berufliches Ereignis (z.B. Unfall, Abmahnung). Selten jedoch der Tod eines Kollegen.
Besuch: Ein unerwartetes und negatives Ereignis im Freundeskreis. Dies kann z.B. ein heftiger Streit oder auch ein Unfall sein.
Botschaft: Information über ein Unglück.
Brief: Nachricht über einen Unglücksfall oder negativen Vorfall.
Dieb: Ein Unglück kostet seelische Kraft.
Eifersucht: Ihre Mitmenschen wünschen Ihnen einen Schicksalsschlag.
Etwas Geld: Nach einem Unglück (z.B. Unfall) gibt es nur kleine finanzielle Verluste.
Falschheit: Ein Unglück oder eine Katastrophe hat niemals stattgefunden und wurde nur erfunden.
Feind: Ein großer Schaden, der durch einen Betrug hervorgerufen wurde.
Fröhlichkeit: Beinaheunfall. Mit dem Schrecken davonkommen.
Gedanken: Ein junger Mann hat einen Schicksalsschlag. Zukunftsangst.

Geistlicher: Ein schwerer seelischer Schaden, der durch falsche Spiritualität kommt.

Geld: Geldzufluss nach einem Unglücksfall (z.b. Versicherung).

Geliebte / Geliebter: Partner bekommt einen Schicksalsschlag (z.b. Unfall).

Geschenk: Geschenk als Wiedergutmachung, nach einem schlimmen Vorfall.

Glück: Glück im Unglück.

Haus: Ein Unfall im Haus. Ein Unfall in der Verwandtschaft.

Heirat: Eine plötzliche und unverhoffte Trennung.

Hoffnung: Eine junge Frau hat einen Schicksalsschlag. Erholung nach einem schicksalhaften Ereignis.

Kind: Kind hat einen Unfall. Unfallgefahr durch Leichtsinn.

Krankheit: Unfall mit längerem Krankheitsverlauf.

Liebe: Ein Schock in der Liebe (z.b. durch Seitensprung).

Offizier: Ein dominanter Mann ist verliebt.

Reise: Verkehrsunfall. Unfall während einer Reise.

Richter: Eine Entscheidung nach einem Unglücksfall treffen. Sehr oft zeigt diese Kombination ein Gerichtsurteil wegen Fahrlässigkeit.

Sehnsucht: Fahrlässiges Verhalten, welches zu einem Unfall führt.

Tod: Ein großes Unglück verändert die Lebensphilosophie.

Traurigkeit: Eine melancholische Frau hat einen Schicksalsschlag.

Treue: Ein Schicksalsschlag wird dem nächsten folgen.

Unverhoffte Freude: Ein Unglück (z.b. Unfall) hat einen guten Ausgang.

Verdruss: Streit wegen einem Schicksalsschlag. Auseinandersetzung führt zu Gewalttätigkeit.

Verlust: Durch ein Unglück gibt es viele Verluste.

Witwer: Ein älterer Mann hat einen Schicksalsschlag.

Witwe: Eine ältere Frau hat einen Schicksalsschlag.

Unverhoffte Freude

Bedeutung: Die Karte symbolisiert angenehme Überraschungen und ein gutes Ende bei negativen und unangenehmen Angelegenheiten. Zusätzlich schwächt sie alle umliegenden Karten in der negativen Bedeutung ab.

Tageskarte: Wenn Sie diese Tageskarte ziehen, haben Sie heute einen guten Tag, der voller ungeahnter und positiver Überraschungen steckt. Wenn Ihnen eine Angelegenheit dennoch Kopfzerbrechen bereitet, wird sich heute entweder eine Lösung dafür finden oder sie bekommt ein gutes Ende.

Personenbeschreibung: Optimistisch und voller Lebensfreude
Beruf: Sollten Sie auf der Arbeit Probleme haben, wird sich alles zum Guten wenden. Auch wird Ihnen die Tätigkeit durch mehrere positive Impulse und Ereignisse mehr Freude bereiten.
Liebe: Ihre Partnerschaft wird wieder aufleben und Sie verbringen mit Ihrem Partner viele einfühlsame und harmonische Stunden. Als Single werden Sie in der Partnersuche eine angenehme Überraschung erleben und vor Liebe und Glück wieder aufblühen.
Geld: Auch finanziell stehen Sie bald vor einer Überraschung. Dies kann z.B. eine Gehaltserhöhung oder eine unverhoffte Erstattung vom Finanzamt sein.

Unverhoffte Freude in Verbindung mit:

Beständigkeit: Berufliche Verbesserung.
Besuch: Eine sehr unterhaltsame und heitere Gesellschaft.
Botschaft: Unerwartete und positive Gespräche.
Brief: Eine Nachricht bringt unverhoffte und äußerst positive Neuigkeiten.
Dieb: Die Freude wird nicht lange währen.
Eifersucht: Eine bevorstehende Überraschung erweckt Neider.
Etwas Geld: Freude durch eine kleine Zuwendung. Dies könnte ein kleines Geldgeschenk oder eine Aufmerksamkeit ohne großen Wert sein.
Falschheit: Ein banaler Streich, der nicht ernst genommen werden sollte.
Feind: Mitmenschen treiben lustigen Schabernack.
Fröhlichkeit: Eine unverhoffte Überraschung, die Sie optimistisch stimmt.
Gedanken: Ein plötzlicher Einfall, der sich gut in die Tat umsetzen lässt. Überraschung von einem jungen Mann.
Geistlicher: Geistige Erleuchtung. Kann aber auch ein Wunder anzeigen.

Geld: Eine unverhoffte finanzielle Überraschung.

Geliebte / Geliebter: Partner bekommt eine unverhoffte Überraschung.

Geschenk: Ein unerwartetes Geschenk stimmt fröhlich.

Glück: Sie wissen das Glück zu schätzen.

Haus: Unverhoffte Überraschung in Bezug zu einem Haus. Verwandtschaft lässt sich eine Überraschung einfallen.

Heirat: Eine plötzliche und unverhoffte Partnerschaft. Partner macht einen Heiratsantrag.

Hoffnung: Überraschung von einer jungen Frau. Zeigt aber auch einen freudigen Schreck an, der beispielsweise durch einen Streich kommt.

Kind: Unverhoffte Schwangerschaft. Überraschung von einem Kind.

Krankheit: Krankheit geht wieder unverhofft vorbei.

Liebe: Die Liebe kommt plötzlich und unverhofft.

Offizier: Überraschung von einem dominanten Mann. Erleichterung wegen einer behördlichen Angelegenheit.

Reise: Eine spontane und schöne Reise.

Richter: Eine Entscheidung wird unverhofft zu Ihren Gunsten getroffen.

Sehnsucht: Hoffnung auf einen guten Ausgang. Positiv denkend.

Tod: Schicksalsschläge dauern nur eine kurze Zeit an.

Traurigkeit: Eine melancholische Frau ist sehr launisch. Diese Kombination zeigt aber auch schwere Stimmungsschwankungen an.

Treue: Zuverlässige Mitmenschen machen glücklich.

Unglück: Ein Unglück (z.B. Unfall) hat einen guten Ausgang.

Verdruss: Eine Auseinandersetzung wird unverhofft beigelegt.

Verlust: Optimismus und Lebensfreude werden nicht lange anhalten.

Witwer: Überraschung von einem älteren Mann.

Witwe: Überraschung von einer älteren Frau.

Verdruss

Bedeutung: Diese Karte zeigt Auseinandersetzungen an. Auch symbolisiert sie Gereiztheit, Nervosität und Stress und damit auch Kummer und Sorgen.

Tageskarte: Bei dieser Tageskarte werden Sie und Ihre Mitmenschen äußerst gereizt sein. Deshalb ist die Wahrscheinlichkeit sehr groß, dass ein Streit oder eine heftige Auseinandersetzung entsteht und damit neuen Kummer und neue Sorgen mit sich bringt.

Personeneigenschaft: Aggressiv und streitsüchtig
Beruf: Auf der Arbeit sollten Sie sich zurückhalten, denn dass Betriebsklima wird sehr angespannt sein und die Wahrscheinlichkeit dementsprechend groß, dass heftige Auseinandersetzungen entstehen könnten.
Liebe: In der Partnerschaft ist die Wahrscheinlichkeit äußerst groß, dass durch Auseinandersetzungen eine Krise aufkommt. Als Single werden Sie bei der Partnersuche, bedingt durch Nervosität und innere Unruhe, viele Niederlagen erleiden.
Geld: Sie haben Ihre finanzielle Vorstellungen und versuchen diese mit aller Gewalt durchzusetzen. Dabei ist die Wahrscheinlichkeit sehr groß, dass Sie unangenehm werden und es auf eine Auseinandersetzung kommen lassen.

Verdruss in Verbindung mit:

Beständigkeit: Auseinandersetzungen auf der Arbeit.
Besuch: Streit im Freundes- und Verwandtenkreis.
Botschaft: Diskussionen und Streitgespräche.
Brief: Nachricht über eine Auseinandersetzung. Dies kann z.B. ein Schreiben von einem Anwalt sein oder eine Anklage vom Gericht.
Dieb: Auseinandersetzungen werden durch negativ eingestellte Personen noch verschlimmert.
Eifersucht: Auseinandersetzungen wegen Eifersucht.
Etwas Geld: Auseinandersetzungen, weil das Geld nicht zum Leben ausreicht.
Falschheit: Auseinandersetzungen wegen Lügen und Ungerechtigkeiten.
Feind: Betrügereien führen zu Auseinandersetzungen.
Fröhlichkeit: Auseinandersetzungen werden schnell beendet.
Gedanken: Ärger. Auseinandersetzung mit einem jungen Mann.
Geistlicher: Hysterisches Verhalten durch falschen spirituellen Weg.

Geld: Auseinandersetzungen wegen dem Geld.

Geliebte / Geliebter: Auseinandersetzungen mit dem Partner.

Geschenk: Auseinandersetzungen wegen einem Geschenk.

Glück: Auseinandersetzungen werden schnell beendet.

Haus: Auseinandersetzungen wegen einem Haus oder einer Wohnung. Streit in der Verwandtschaft.

Heirat: Auseinandersetzungen in der Partnerschaft.

Hoffnung: Auseinandersetzungen mit einer jungen Frau. Zeigt aber auch, dass Auseinandersetzungen bald zu Ende gehen.

Kind: Aggressives Kind. Zeigt aber auch Auseinandersetzungen, die wegen Kleinigkeiten provoziert werden.

Krankheit: Psychische Erkrankung, Hysterie.

Liebe: Auseinandersetzungen zerstören die Liebe.

Offizier: Streit mit einem dominanten Mann. Streit mit einer Behörde.

Reise: Auseinandersetzungen auf einer Reise. Streit wegen dem Auto.

Richter: Auseinandersetzung wegen einer Entscheidung. Streitigkeiten vor Gericht.

Sehnsucht: Auseinandersetzung wegen hoher Ansprüche.

Tod: Schwerste Auseinandersetzungen und Gewaltausbrüche.

Traurigkeit: Auseinandersetzungen mit einer melancholischen Frau.

Treue: Auseinandersetzungen bleiben noch bestehen.

Unglück: Streit wegen einem Schicksalsschlag. Auseinandersetzung führt zu Gewalttätigkeit.

Unverhoffte Freude: Eine Auseinandersetzung wird unverhofft beigelegt.

Verlust: Diese Auseinadersetzung führt zu keinem Sieg, sondern bringt nur Verluste.

Witwer: Auseinandersetzungen mit einem älteren Mann.

Witwe: Auseinandersetzungen mit einer älteren Frau.

Verlust

Bedeutung: Diese Karte zeigt Verluste an. Doch muss es sich nicht immer um materielle oder finanzielle Verluste handeln, sondern kann auch den Verlust der Freunde oder der Lebensfreude symbolisieren.

Tageskarte: Bei der Tageskarte haben Sie das Gefühl, Verluste zu erleiden. Auch ist die Wahrscheinlichkeit groß, dass Sie heute Gegenstände verlegen und diese nicht mehr wieder finden.

Personeneigenschaft: Seelisch labil, schwache Persönlichkeit
Beruf: Auf der Arbeit sollten Sie Ihren Verpflichtungen korrekt nachgehen, denn die Gefahr ist sehr groß, dass Sie Ihren Arbeitsplatz verlieren könnten.
Liebe: In der Partnerschaft ist die Gefahr sehr groß, dass die Gefühle verloren gehen und somit auch die Beziehung. Als Single werden Sie gefühlsmäßige Verluste haben und müssen sich dementsprechend von Ihren Träumen und Vorstellungen verabschieden.
Geld: Es wäre ratsam, bei Einkäufen vorsichtig und misstrauisch zu sein. Auch sollten Sie achten, Ihren finanziellen Spielraum nicht zu überschreiten.

Verlust in Verbindung mit:

Beständigkeit: Verlust des Arbeitsplatzes, Kurzarbeit.
Besuch: Verlust der Freunde. Freunde bereiten Kummer.
Botschaft: Wichtige Gespräche wird man mit Ihnen nicht führen können (z.B. wegen einer Blockade oder Angst).
Brief: Eine Nachricht wird Sie niemals erreichen.
Dieb: Negative Einstellungen werden wieder verschwinden.
Eifersucht: Neid und Eifersucht bringen Ihnen nur Verluste.
Etwas Geld: Eine kleine und unbedeutende Geldsumme geht verloren.
Falschheit: Verluste, die durch Lügen und Ungerechtigkeiten entstehen.
Feind: Verluste durch Betrug.
Fröhlichkeit: Verlust der Freude und des Optimismus.
Gedanken: Vergesslichkeit. Kontakt zu einem jungen Mann geht verloren.
Geistlicher: Verlust des Glaubens und der Spiritualität.
Geld: Finanzielle Verluste. Vorsicht vor Verträgen und unnötigen Ausgaben.
Geliebte / Geliebter: Partner hat Verluste.
Geschenk: Ein Geschenk tröstet Sie über einen Verlust hinweg.

Glück: Ein Verlust hat keine negative Auswirkungen.

Haus: Verlust eines Hauses oder Wohnung. Verlust bei Verwandten.

Heirat: Diese Partnerschaft bleibt nicht lange bestehen.

Hoffnung: Hoffnungslosigkeit. Kontakt zu einer jungen Frau geht verloren.

Kind: Kontakt zu Kindern wird später verloren gehen.

Krankheit: Ein Krankheit, die schnell vorbei geht.

Liebe: Die Liebe wird bald verloren gehen.

Offizier: Kontakt zu einem dominanten Mann geht verloren. Bemühungen auf einer Behörde sind vergebens.

Reise: Reise findet doch nicht statt.

Richter: Entscheidung wird nicht zu Ihren Gunsten getroffen. Einen Prozess verlieren.

Sehnsucht: Wünsche und Träume werden aufgegeben. Hoffnungslosigkeit.

Tod: Verluste nach einem schlimmen Vorfall (materiell und seelisch).

Traurigkeit: Kontakt zu einer melancholischen Frau geht verloren. Depression geht wieder vorbei.

Treue: Große Verluste werden noch Zeit brauchen, bis sie überwunden sind.

Unglück: Durch ein Unglück gibt es viele Verluste.

Unverhoffte Freude: Optimismus und Lebensfreude werden nicht lange anhalten.

Verdruss: Diese Auseinadersetzung führt zu keinem Sieg, sondern bringt nur Verluste.

Witwer: Kontakt zu einem älteren Mann geht verloren.

Witwe: Kontakt zu einer älteren Frau geht verloren.

Witwer

Bedeutung: Diese Karte zeigt einen älteren Mann. Es kann sich um den eigenen Vater, Onkel, älteren Bruder, Schwager oder älteren Freund handeln. Vereinzelt stellt sie aber auch einen Mann dar, der nicht sehr alt ist, aber durch sein Erscheinungsbild und sein Verhalten dennoch älter wirkt.

Tageskarte: Bei dieser Tageskarte kommen Sie heute mit einem älteren Mann zusammen, der viel Erfahrung hat und diese an Sie weitergeben möchte.

Personeneigenschaft: Väterlich und mit viel Lebenserfahrung
Beruf: Beruflich werden Sie sich auf Ihre langjährige Erfahrung berufen und sind dadurch in der Lage, für jedes Problem eine Lösung zu finden.
Liebe: Für den Erhalt und die Harmonie Ihrer Beziehung werden Sie in der nächsten Zeit viel Menschenkenntnis einsetzen. Auch als Single werden Sie bei der Partnersuche von Ihrer Menschenkenntnis profitieren. Wenn Sie eine Frau sind, lernen Sie bald einen älteren und erfahrenen Mann kennen.
Geld: Weil Sie sehr viel Erfahrung für Finanzen aufbringen, wird Ihnen in Zukunft keiner etwas vormachen können. Dementsprechend werden Sie bei Einkäufen und Verträgen äußerst vorsichtig sein.

Witwer in Verbindung mit:

Beständigkeit: Älterer Mann ist fleißig. Älterer Arbeitskollege, Vorgesetzter.
Besuch: Bekanntschaft und Unternehmung mit einem älteren Mann.
Botschaft: Gespräche mit einem älteren Mann.
Brief: Eine Nachricht von einem älteren Mann.
Dieb: Ein älterer Mann hat eine negative Ausstrahlung.
Eifersucht: Ein älterer Mann ist auf Sie eifersüchtig.
Etwas Geld: Ein bescheidener älterer Mann.
Falschheit: Ein älterer Mann ist sehr unehrlich.
Feind: Ein älterer Mann will Ihnen Ärger bereiten, weil er nur an sein eigenes Wohl bedacht ist.

Fröhlichkeit: Ein älterer Mann ist heiter und lebenslustig.
Gedanken: Ein älterer und ein jüngerer Mann. Ein älterer Mann denkt viel nach.
Geistlicher: Ein älterer Mann ist spirituell veranlagt.
Geld: Ein älterer Mann ist vermögend.
Geliebte / Geliebter: Partner hat Kontakt zu einem älteren Mann.
Geschenk: Ein Geschenk von einem älteren Mann.
Glück: Ein älterer Mann bringt Ihnen Glück.
Haus: Ein älterer Mann aus stabilen Verhältnissen.
Heirat: Ein älterer Mann ist verheiratet.
Hoffnung: Ein ungleiches Paar, wo er viel älter ist als sie. Kann aber auch Vater und Tochter anzeigen.
Kind: Ein älterer Mann mit seinem Enkelkind.
Krankheit: Ein älterer Mann ist krank.
Liebe: Ein älterer Mann ist verliebt. Die Kombination zeigt aber auch an, dass ein älterer Mann liebenswert und herzlich ist.
Offizier: Ein älterer Mann und sein dominanter Sohn. Alten- und Pflegeheim.
Reise: Ein älterer Mann ist reisefreudig.
Richter: Ein älterer Mann muss eine Entscheidung treffen.
Sehnsucht: Ein älterer Mann ist sehr anspruchsvoll.
Tod: Ein älterer Mann durchlebt eine schwere Zeit.
Traurigkeit: Ein älterer Mann mit einer melancholischen Frau.
Treue: Kontakt zu einem älteren Mann bleibt erhalten.
Unglück: Ein älterer Mann hat einen Schicksalsschlag.
Unverhoffte Freude: Überraschung von einem älteren Mann.
Verdruss: Auseinandersetzungen mit einem älteren Mann.
Verlust: Kontakt zu einem älteren Mann geht verloren.
Witwe: Ein älteres Ehepaar.

Witwe

Bedeutung: Diese Karte symbolisiert eine ältere Frau. Es kann sich um die Mutter, Tante, ältere Schwester, Schwägerin oder auch eine ältere Freundin handeln. Sie kann vereinzelt auch eine Frau darstellen, die zwar nicht sehr alt ist, aber durch ihr Erscheinungsbild und ihr Verhalten dennoch älter wirkt.

Tageskarte: Bei dieser Tageskarte kommen Sie heute mit einer älteren Frau zusammen, die viel Erfahrung hat und diese an Sie weitergeben möchte.

Personeneigenschaft: Mütterlich und mit viel Lebenserfahrung
Beruf: Auf der Arbeit werden Sie sich auf Ihre Erfahrung und Ihr weibliches Feingespür berufen.
Liebe: Für den Erhalt und die Harmonie Ihrer Beziehung werden Sie in der nächsten Zeit sehr viel Menschenkenntnis und Feingespür einsetzen. Auch als Single werden Sie bei der Partnersuche von diesen Eigenschaften profitieren. Wenn Sie ein Mann sind, werden Sie in der nächsten Zeit eine ältere und erfahrene Frau kennen lernen.
Geld: Weil Sie sehr viel Erfahrung für Finanzen aufbringen, wird Ihnen in Zukunft keiner etwas vormachen können. Dementsprechend werden Sie bei Einkäufen und Verträgen vorsichtig sein und im Gegensatz zum Witwer sehr viel Intuition einsetzen.

Witwe in Verbindung mit:

Beständigkeit: Ältere Frau ist fleißig. Ältere Arbeitskollegin, Vorgesetzte.
Besuch: Bekanntschaft und Unternehmung mit einer älteren Frau.
Botschaft: Gespräche mit einer älteren Frau.
Brief: Eine Nachricht von einer älteren Frau.
Dieb: Eine ältere Frau hat eine negative Ausstrahlung.
Eifersucht: Eine ältere Frau ist auf Sie eifersüchtig.
Etwas Geld: Eine bescheidene ältere Frau.
Falschheit: Eine ältere Frau ist sehr unehrlich.
Feind: Eine ältere Frau will Ihnen Ärger bereiten, weil Sie nur an ihr eigenes Wohl bedacht ist.
Fröhlichkeit: Eine ältere Frau ist heiter und lebenslustig.

Gedanken: Eine ältere Frau und ein jüngerer Mann. Eine ältere Frau denkt viel nach.

Geistlicher: Eine ältere Frau ist spirituell veranlagt.

Geld: Eine ältere Frau ist vermögend.

Geliebte / Geliebter: Partner hat Kontakt zu einer älteren Frau.

Geschenk: Ein Geschenk von einer älteren Frau.

Glück: Eine ältere Frau bringt Ihnen Glück.

Haus: Eine ältere Frau aus stabilen Verhältnissen.

Heirat: Eine ältere Frau ist verheiratet.

Hoffnung: Mutter und Tochter.

Kind: Eine ältere Frau mit ihrem Enkelkind.

Krankheit: Eine ältere Frau ist krank.

Liebe: Eine ältere Frau ist verliebt. Die Kombination zeigt aber auch, dass eine ältere Frau liebenswert und herzlich ist.

Offizier: Eine ältere Frau und ihr dominanter Sohn. Alten- und Pflegeheim.

Reise: Eine ältere Frau ist reisefreudig.

Richter: Eine ältere Frau muss eine Entscheidung treffen.

Sehnsucht: Eine ältere Frau ist sehr anspruchsvoll.

Tod: Eine ältere Frau durchlebt eine schwere Zeit.

Traurigkeit: Ein Frauenpaar. Ältere Frau ist sehr wehleidig.

Treue: Kontakt zu einer älteren Frau bleibt erhalten.

Unglück: Eine ältere Frau hat einen Schicksalsschlag.

Unverhoffte Freude: Überraschung von einer älteren Frau.

Verdruss: Auseinandersetzungen mit einer älteren Frau.

Verlust: Kontakt zu einer älteren Frau verlieren.

Witwer: Ein älteres Paar.

Einweihung der Karten

Wenn Sie sich ein neues Kartendeck besorgt haben, können Sie direkt mit dem Kartenlegen beginnen. Allerdings wird anfangs die Fehlerquote sehr hoch sein. Erst wenn Sie die Karten öfters in der Praxis einsetzen und ihnen damit die zweckmäßige Bestimmung vorgeben, laden sich diese mit der Zeit auf und minimieren die Fehlerquote. Dies ist auch der Grund, warum viele Kartenleger bereit sind, einen sehr hohen Preis für gebrauchte Karten, am liebsten von einem erfahrenen und langjährigen Kartenleger, zu bezahlen.

Aber Sie haben die Möglichkeit, Ihre Karten selber zu laden. Der Mystiker oder Kartenleger nennt dieses Aufladen eine Einweihung und gibt damit den Karten die zweckmäßige Bestimmung vor.

Für die Einweihung der Zigeunerkarten sind keine übernatürlichen Kräfte oder eine besondere Begabung nötig. Sie sollten dafür lediglich etwas Zeit und Ruhe investieren.

Suchen Sie sich für die Einweihung einen Platz, wo Sie bequem sitzen und sich sehr wohl fühlen. Dann nehmen Sie eine einzelne Karte, betrachten sich das Motiv und stellen sich vor, welche Bedeutung es hat. Nun schließen Sie die Augen und lassen diese Bedeutung in Ihren Gedanken, wie einen Film, abspielen. Versuchen Sie bei diesen Gedanken Ihre Gefühle einzubringen. Stellen Sie sich nach ein paar Minuten vor, wie diese Gedanken aus Ihrem Kopf durch Arme und Hände und anschließend in die Karten hineinfließen. Somit haben Sie die Zigeunerkarte mit ihrer zweckmäßigen Bedeutung und Bestimmung aufgeladen und können sie wieder weglegen. Für die Einweihung einer Karte sollten Sie sich etwa 2-3 Minuten Zeit lassen und darauf achten, dass Sie geistig fit und seelisch ausgeglichen sind. Wenn Sie jedoch merken, dass die Konzentration nachlässt oder eine innere Unruhe aufkommt, dürfen Sie bedenkenlos dieses Ritual unterbrechen und zu einem späteren Zeitpunkt fortsetzen.

Nachdem Sie die Einweihung vollendet haben, ist es ratsam, einen festen Platz für die Zigeunerkarten auszusuchen und diese nicht irgendwo abzulegen. Viele Kartenleger haben dafür eine kleine Holzschatulle und legen die Orakelkarten, in einem Seidentuch eingewickelt, hinein.

Für den Anfang reicht es aber auch aus, wenn Sie Ihre Karten nur in ein Tuch einwickeln und sie an einem festen und ruhigen Platz verstauen, wo sie vor fremden Blicken geschützt sind.

Ich empfehle Ihnen zusätzlich, die eingeweihten Karten mit viel Respekt zu behandeln. Dazu zählt auch, dass Sie diese nur zum Kartenlegen gebrauchen und sie nicht jedem in die Hand drücken, um dessen Neugier zu befriedigen.

Das richtige Mischen und Ziehen der Zigeunerkarten

Das erste Mischen der Zigeunerkarten sollte am gründlichsten erfolgen, denn schließlich sind die Karten vom Werk her alphabetisch geordnet. Ich empfehle Ihnen beim ersten Mal, die Zigeunerkarten alle auf dem Tisch auszubreiten und sie ordentlich zu vermischen.

Legen Sie die Karten wieder zu einem Stapel zusammen und halten diese eine Zeit lang in beiden Händen fest. Versuchen Sie nun die Zigeunerkarten zu fühlen und eine Verbindung mit ihnen aufzubauen. Nun konzentrieren Sie sich auf Ihre Fragen und den Zeitraum und mischen diese nochmals durch.

Wenn Sie der Meinung sind, dass Sie ausreichend gemischt haben, beginnen Sie die Karten auszulegen.

Wollen Sie aber die Karten nicht alle auslegen, sondern laut Legeschema nur einige ziehen, so nehmen Sie den Stapel, ziehen Ihre eigene Personenkarte (Geliebter oder Geliebte) heraus und dann die Karte, die das Thema anzeigt. Möchten Sie beispielsweise wissen, wie es in der Liebe weitergeht, ziehen Sie als Themenkarte die Karte Liebe heraus. Betrifft es die Arbeit, ist es die Karte Beständigkeit und für die Freundschaften, die Karte Besuch. Nun mischen Sie die restlichen Karten und breiten diese auf dem Tisch aus. Stellen Sie sich Ihre Frage mit dem dazugehörigen Zeitraum und bestimmen Sie in Gedanken, wie viele Karten Sie für eine bestimmte Legetechnik ziehen.

Prinzipiell sollten die Karten immer mit der linken Hand gezogen werden, denn diese wird von der linken Gehirnhälfte gesteuert, von der man sagt, dass sie der intuitive Teil ist und den Menschen dementsprechend intuitiv und unbewusst steuert.

Legen Sie nun die Karten laut Legeschema aus und fangen mit der Deutung an.

Legetechniken und Themenkarten

Nachfolgend präsentiere ich Ihnen einige beliebte und bekannte Legetechniken mit dazugehörigen Legebeispielen.
Um die Antworten nicht unnötig zu verfälschen, werden aus dem Kartenstapel die Personenkarte und die Themenkarte herausgenommen.
Handelt es sich z.B. um das Thema Liebe, ist die Themenkarte demnach die Karte Liebe. Anschließend werden die gezogenen Karten mit der Themenkarte kombiniert.
Hier eine kleine Auflistung, welche Bereiche eine Themenkarte vertritt:

Arbeit	Beständigkeit	Liebe	Liebe
Beziehung	Heirat	Lügen	Falschheit
Finanzen	Geld	Mutter	Witwe
Firma	Beständigkeit	Partner	Geliebter
Freunde	Besuch	Schwester	Personenkarte
Gesundheit	Krankheit	Tochter	Personenkarte
Intrigen	Feind	Vater	Witwe

Die Antwort der Einzelkarte

Diese Legetechnik ist die einfachste und erfordert das Ziehen einer einzigen Karte.

Folgende Fragen können gestellt werden:
- welche Bedeutung hat der heutige Tag? - (Tageskarte)
- welche Bedeutung hat XY?
- wie geht es mit XY weiter?
- wie geht es im Bereich XY weiter?

Legebeispiel zur Antwort der Einzelkarte

Silvia B. hat seit kurzem eine feste Partnerschaft und möchte wissen, ob diese in Zukunft gefestigt wird. Ihr Hauptproblem ist, dass ihr Freund äußerst wenig Verantwortungsbewusstsein hat und sich bei Silvia noch nicht geäußert hat, ob er in Zukunft mit ihr zusammenziehen möchte. Silvia möchte wissen, wie er sich der Partnerschaft gegenüber verhalten wird und zieht hierfür eine Karte.

Personenkarte	Themenkarte	Gezogene Karte
Karte	Karte	Karte
Geliebte	Heirat	Falschheit

Die gezogene Karte Falschheit deutet auf Unehrlichkeit in der Partnerschaft und bestätigt damit leider Silvias Befürchtung, dass Ihr Freund äußerst wenig Verantwortungsbewusstsein hat. Zusätzlich sagt sie aus, dass in naher Zukunft ein Seitensprung droht.

Silvia möchte nun wissen, wie es mit dieser Partnerschaft weitergeht und zieht mit dieser Frage eine weitere Karte.

Personenkarte	Themenkarte	Gezogene Karte
Karte	Karte	Karte
Geliebte	Heirat	Unglück

Leider muss ich Silvia enttäuschen, weil die Karte Unglück auf eine plötzliche Trennung hinweist.
Wer die Trennung einleitet und welche Ursache diese hat, ist aus der einzelnen Karte nicht ersichtlich.

Das Vierer-System

Eines meiner beliebtesten Legetechniken ist das Vierer-System. Dabei werden vier Karten gezogen. Vorher sollten Sie selbstverständlich die Personenkarte und die dementsprechende Themenkarte aus dem Stoß herausnehmen.

Karte 1	Karte 2	Karte 3	Karte 4
Zeigt das Thema	Zeigt die Gedanken, die aber nicht zutreffen	Zeigt die Antwort	Zeigt die weitere Zukunft

Die Karten haben folgende Bedeutung:
Karte 1: Zeigt das Thema oder die Situation, um die es geht.
Karte 2: Zeigt Ängste oder Hoffnungen, die aber nicht zutreffen.
Karte 3: Zeigt uns die Antwort bzw. die nächste Zukunft.
Karte 4: Ist die Zukunftskarte. Sie zeigt uns an, wie es mit dem Thema weitergeht und gibt uns somit die weitere Zukunft an.

Legebeispiel zum Vierer-System

Manuela hat Ärger mit ihren Kollegen, weil diese sie nicht akzeptieren und sehr schlecht über sie reden. Auch beim Chef lassen sie sich aus, und geben ihm zu verstehen, dass Manuela schlechte Leistung bringt und der Firma mehr schadet als nützt. Nun möchte sie von mir wissen, ob sich das Verhältnis zu ihren Kollegen bessert und zieht vier Karten.

Karte 1	Karte 2	Karte 3	Karte 4
Karte Dieb	Karte Botschaft	Karte Feind	Karte Verdruss

Als Themenkarte habe ich die Karte Beständigkeit gewählt und kombiniere nun alle gezogenen Karten mit ihr. Dabei ergibt sich folgende Deutung:

Karte 1: Diese Karte zeigt, dass es die Kollegen nicht gut mit ihr meinen.
Karte 2: Manuela hat Hoffnung, dass sie mit ihren Kollegen offen reden kann.
Karte 3: Sie wird in nächster Zeit unter Mobbing leiden.
Karte 4: In ferner Zukunft hat sie Auseinandersetzungen mit ihren Kollegen.

Fasse ich die Karten zusammen, habe ich sehr starke Zweifel, dass sich das kollegiale Verhältnis jemals bessern wird.

Manuela möchte wissen, wie es beruflich weitergeht, wenn sie die Abteilung wechselt und mit anderen Kollegen zusammen arbeiten soll.

Karte 1	Karte 2	Karte 3	Karte 4
Karte Botschaft	Karte Glück	Karte Hoffnung	Karte Heirat

Als Themenkarte habe ich auch hierfür die Karte Beständigkeit ausgewählt und kombiniere mit ihr die gezogenen Karten. Dabei ergibt sich folgende Deutung:

Karte 1: Diese Karte zeigt an, dass Manuela in der neuen Abteilung positive Gespräche führen wird.
Karte 2: Manuela hofft, in der neuen Abteilung mehr Glück zu haben.
Karte 3: Das Betriebsklima wird sich in der neuen Abteilung bessern.
Karte 4: Manuela wird die Arbeit in Zukunft sehr viel Spaß bereiten. Auch wird es ihr nichts ausmachen, wenn sie mal Überstunden machen soll und damit einen Teil ihrer Freizeit für die Firma opfert.

Bei diesen gezogenen Karten ist es für Manuela wirklich sehr empfehlenswert, die Abteilung zu wechseln, um mit anderen Menschen zusammenzuarbeiten. Hauptsächlich Karte 4 verdeutlicht, dass ihr durch das gute Betriebsklima die Arbeit viel Freude bereiten wird und sie in Zukunft eine starke Verbundenheit zur Firma bekommt.

Der allgemeine Jahreskreis

Diese Legetechnik wird genutzt, um besondere Ereignisse in den jeweiligen Monaten festzustellen.
Aus dem Stapel wird zunächst die Personenkarte (PK) herausgenommen. Anschließend mischen Sie die Karten durch und breiten diese aus. Ziehen Sie nun für jeden Monat eine Karte und legen diese in einem Kreis aus. Die Hauptperson wird in die Mitte des Kreises gelegt und mit jeder gezogenen Karte kombiniert
.

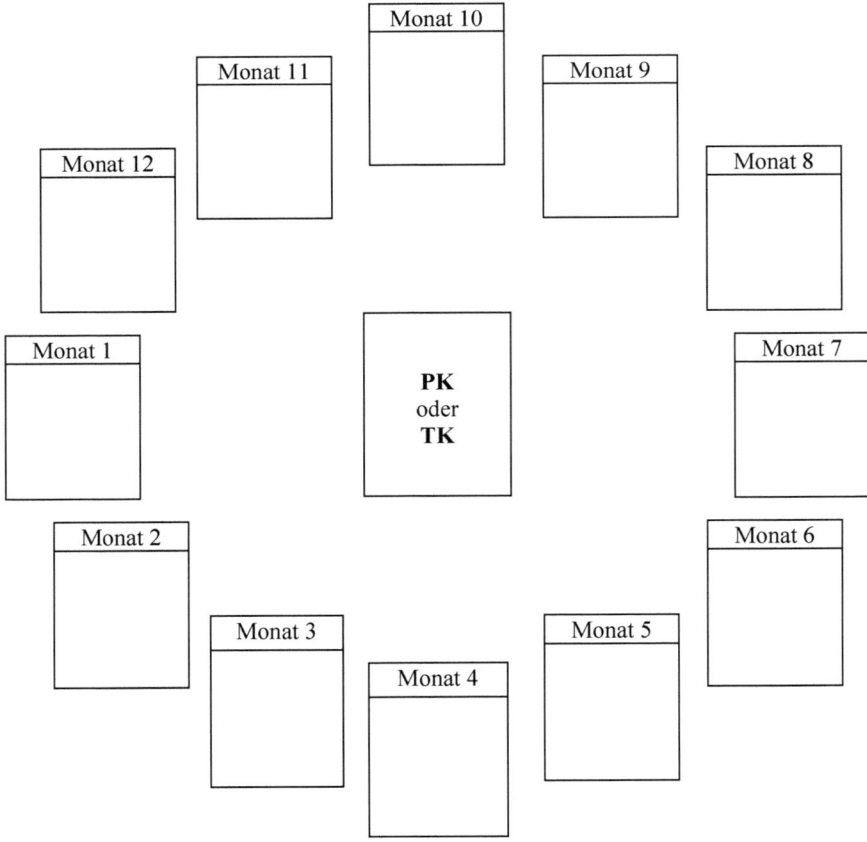

Der thematische Jahreskreis

Diese Legetechnik hat große Ähnlichkeit mit dem allgemeinen Jahreskreis. Allerdings wird statt der Personenkarte eine Themenkarte (TK) gezogen, die mit den anderen Karten gedeutet wird. Mit dieser Technik ist es möglich, die Zukunft gezielter zu erfragen. Der Fragende erhält damit die Möglichkeit, nicht mehr allgemein, sondern nach einem speziellen Thema oder Lebensbereich zu fragen.

Sollte Ihnen die Zeit von 12 Monaten zu kurz- oder langfristig erscheinen, können Sie die zeitlichen Abstände auch abändern. Es ist aber wichtig, dass Sie beim Ziehen der Karten den Zeitraum in Gedanken festhalten. Dabei wäre es auf jeden Fall hilfreich, wenn Sie sich vorher Notizen auf einem Zettel machen und schriftlich hinterlegen, welche Legetechnik Sie nutzen, wie viele Karten Sie ziehen und für welchen Zeitraum diese Deutung sein soll. Wenn Sie für eine abwesende Person die Karten ziehen, sollten Sie deren Namen auch auf dem Zettel festhalten.

Wie Sie sehen, bietet der Jahreskreis mehrere Möglichkeiten, Ihre Fragen zu stellen. Allerdings sollten Sie ihn nicht all zu oft auslegen, weil jede weitere Legung das Ergebnis verfälschen könnte.

Legebeispiel zum thematischen Kreis

Simone ist seit einiger Zeit Single und hat in der letzten Partnerschaft ihren kompletten Freundeskreis aufgegeben. Nun möchte sie nette Menschen kennen lernen, um mit ihnen in Zukunft ihre Freizeit zu verbringen.

Sie möchte deshalb wissen, wie es in den nächsten 12 Monaten gesellschaftlich weitergeht und zieht für den thematischen Jahreskreis 12 Karten.

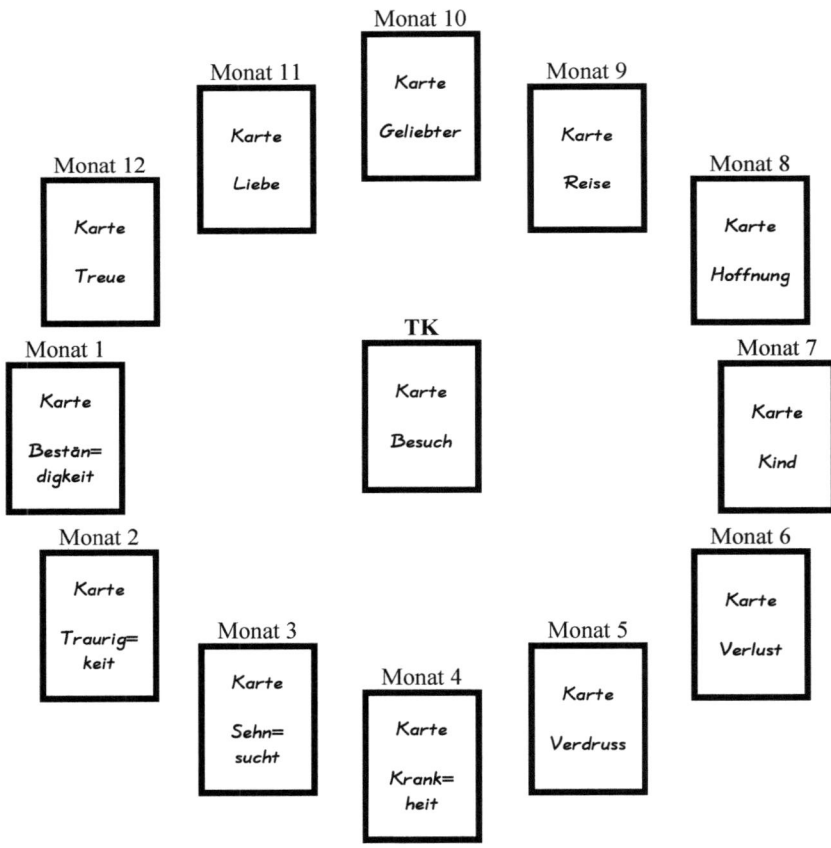

Monat 10
Karte
Geliebter

Monat 11
Karte
Liebe

Monat 9
Karte
Reise

Monat 12
Karte
Treue

Monat 8
Karte
Hoffnung

Monat 1
Karte
Beständigkeit

TK
Karte
Besuch

Monat 7
Karte
Kind

Monat 2
Karte
Traurigkeit

Monat 6
Karte
Verlust

Monat 3
Karte
Sehnsucht

Monat 4
Karte
Krankheit

Monat 5
Karte
Verdruss

Als Themenkarte habe ich für diese Legung die Karte Besuch ausgewählt.

Anfangs (Monat 1 = Beständigkeit) ist ersichtlich, dass Simone enge Kontakte zu Arbeitskollegen haben wird und mit ihnen auch einen Teil ihrer Freizeit verbringt. Allerdings bringt ihr diese Freizeitgestaltung auf lange Sicht keine Zufriedenheit und stimmt sie sehr depressiv (Monat 2 = Traurigkeit). Es ist auch sehr wohl möglich, dass diese Unzufriedenheit und Traurigkeit eine depressive und melancholische Frau verursacht. Leider lässt sich in diesem Bereich die Zukunftsprognose nicht genauer erstellen.

Ihr Wunsch nach einem festen und verlässlichen Freundes- und Bekanntenkreis wird sich vorerst nicht so schnell erfüllen (Monat 3 = Sehnsucht) und stimmt Simone unzufrieden. Diese Unzufriedenheit ruft psychische Probleme hervor und hat zur Folge, dass sich später auch körperliche Beschwerden (Monat 4 = Krankheit) bemerkbar machen. Aus dem Monat 2 und Monat 4 gehe ich davon aus, dass ihr privates Umfeld sehr wehleidig und pessimistisch sein wird und Simone dementsprechend auch negativ gestimmt ist.

Vor Auseinandersetzungen wird sie im Folgemonat (Monat 5 = Verdruss) nicht gefeit sein und beschließt deshalb, diese Kontakte komplett abzubrechen (Monat 6 = Verlust).

Eine spürbare Besserung kommt leider erst in einem halben Jahr, wenn sie neue Bekanntschaften macht (Monat 7 = Kind). In diesem Zeitraum werden ihre Wünsche und Vorstellungen in Erfüllung gehen (Monat 8 = Hoffnung).

Mit ihren neuen Bekanntschaften wird sie sich so gut verstehen, dass sie eine gemeinsame Reise mit ihnen unternimmt (Monat 9 = Reise). Es dauert dann auch nicht mehr lange, bis sie den Mann ihres Herzens kennen lernt (Monat 10 = Geliebter) und sich in ihn verliebt (Monat 11 = Liebe). Ob diese Liebe von Dauer ist, lässt sich aus dem Kartenbild nicht erkennen. Jedoch sagt die letzte Monatskarte aus, dass Ihre Freunde und Bekannte, die sie in einem halben Jahr kennen lernt, sehr verlässlich sind und sie dementsprechend noch in mehreren Jahren zu ihnen Kontakt haben wird. (Monat 12 = Treue).

Der Radix

Diese Legetechnik stammt aus der Astrologie und zeigt eine grafische Darstellung des Horoskops. Der Radix besteht aus 12 Häusern, wobei jede gezogene Karte ein Haus und jedes Haus ein Sternzeichen und somit einen Lebensbereich anzeigt. Dadurch können wir deuten, wie z.B. ein bestimmter Monat oder ein bestimmtes Jahr wird.

Mit dem Kartenbild lässt sich auch ein Persönlichkeits-Radix erstellen, aus dem Eigenschaften einer Person erkennbar sind. Für den Radix lautet die Fragestellung: Wie wird der Monat X, das Jahr X oder welche Persönlichkeit hat Herr/Frau X.

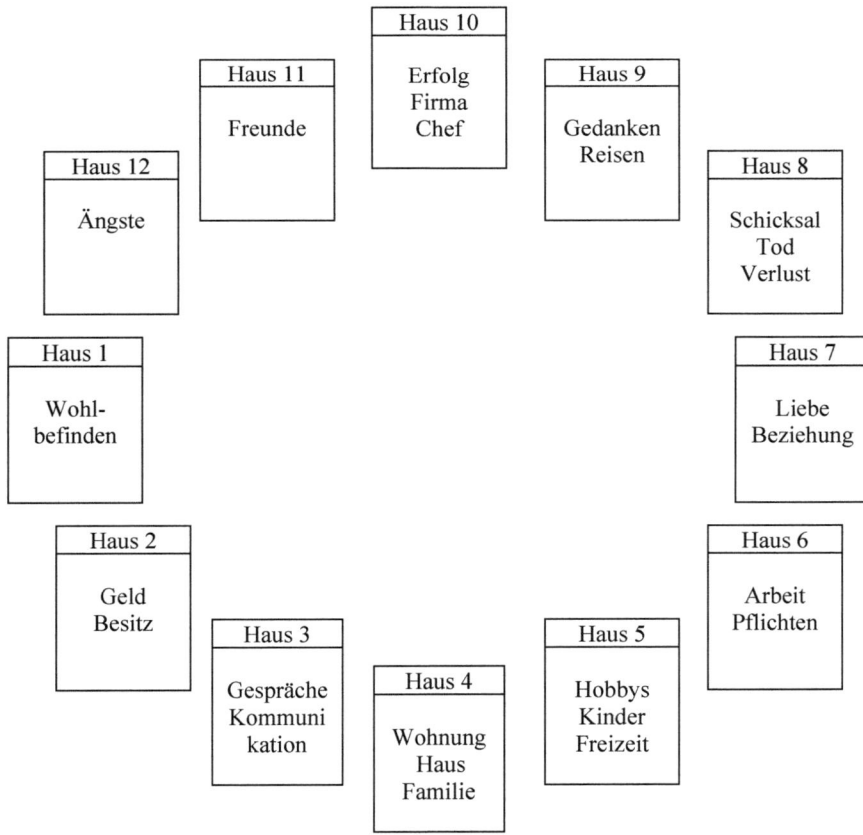

88

Beim Radix wird jedes Haus von einer Zigeunerkarte vertreten, wobei jede gezogene Karte in ein Haus gelegt und mit der entsprechenden Häuserkarte kombiniert wird.
Folgende Karten werden durch die Häuser vertreten.

Haus 01, Wohlbefinden	Karte Geliebter / Geliebte
Haus 02, Geld, Besitz	Karte Geld
Haus 03, Gespräche, Kommunikation	Karte Botschaft
Haus 04, Wohnung, Haus, Familie	Karte Haus
Haus 05, Hobbys, Kinder, Freizeit	Karte Fröhlichkeit
Haus 06, Arbeit, Pflichten	Karte Beständigkeit
Haus 07, Liebe, Beziehung	Karte Liebe
Haus 08, Schicksal, Tod, Verlust	Karte Tod
Haus 09, Gedanken, Reise	Karte Gedanken
Haus 10, Erfolg, Firma, Chef	Karte Beständigkeit
Haus 11, Freunde	Karte Besuch
Haus 12, Ängste	Karte Dieb

Sollte eine gezogene Karte in ihrem eigenen Haus liegen, wird sie von ihrer Bedeutung zusätzlich gestärkt. Wenn alle Kombinationen gedeutet sind, haben wir nachträglich die Möglichkeit, Gemeinsamkeiten mit anderen Häusern zu suchen. Zum Beispiel steht das Haus Nr.02 (Geld Besitz) in naher Verbindung zum Haus Nr.11 (Erfolg, Firma, Chef) und dem Haus Nr.06 (Arbeit, Pflichten). Das Haus Nr.03 (Gespräche, Kommunikation) steht in naher Verbindung zum Haus Nr.11 (Freunde).
Haus Nr.01 steht in naher Verbindung zu den restlichen 11 Häusern, weil diese ausschlaggebend für das allgemeine Wohlbefinden des Fragestellers sind.

Legebeispiel zum Radix

Jennifer hat vor sechs Monaten einen Mann namens Thomas kennen gelernt, und führte mit ihm eine Wochenendbeziehung. Nun hat sie den Wunsch, diese Beziehung zu verfestigen und mit ihm zusammenzuziehen.
Allerdings hat Sie auch Bedenken, ob diese Lebensgemeinschaft funktionieren kann, weil sie ihn durch die Wochenendbeziehung immer noch nicht richtig einschätzen kann.
Sie möchte nun von mir wissen, welche Persönlichkeit ihr Freund hat und zieht für den Radix zwölf Karten.

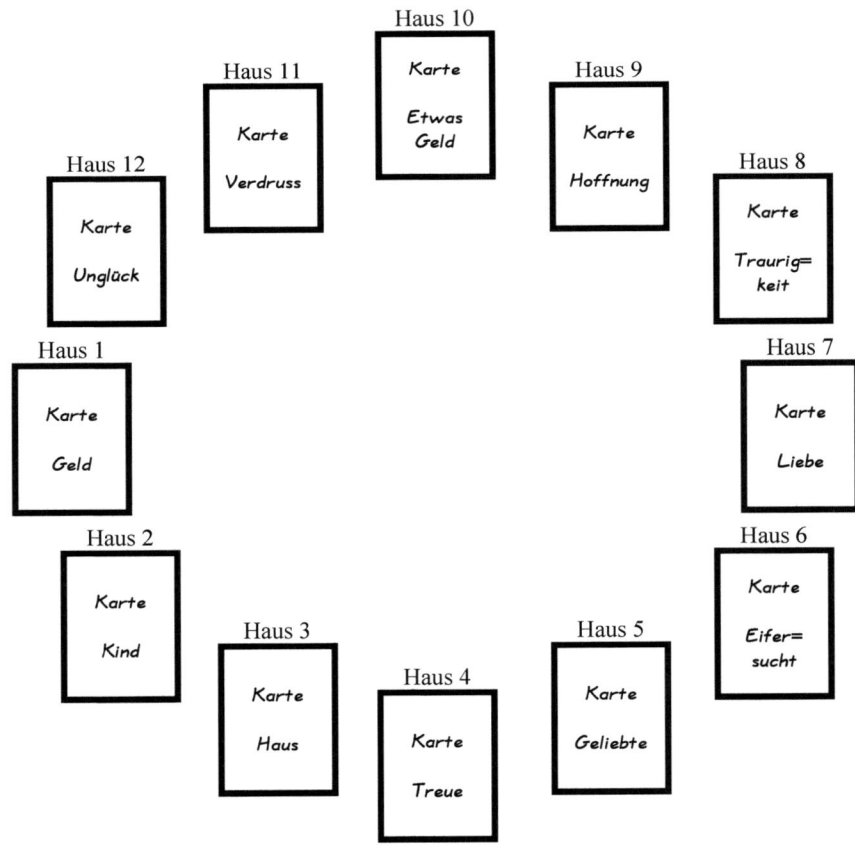

90

Thomas ist von seiner Art her ein Mann, der eine materielle Veranlagung hat und bestrebt ist, sich ein finanzielles Vermögen aufzubauen (Haus 1 = Geld). Er hat die Angewohnheit, nach immer neuen Geldquellen zu suchen und wird auch immer wieder kleinere Geldeingänge haben (Haus 2 = Kind). Mit seinen Verwandten scheint er sich sehr gut zu verstehen, da er viele Gespräche mit ihnen führt (Haus 3 = Haus). Seine Verwandte sind ihm sehr wichtig, da ihm bewusst ist, dass er noch in Jahren mit ihnen Kontakt haben wird und er sich auf sie immer verlassen kann (Haus 4 = Treue). Seine Freizeit verbringt er mit seiner Herzensperson (Haus 5 = Geliebte). In diesem Fall ist es Jennifer. Die Arbeit scheint Thomas sehr gut zu erledigen, was zur Folge hat, dass er in der Firma mit einigen Neidern vorlieb nehmen muss (Haus 6 = Eifersucht).

In der Beziehung zeigt sich Thomas äußerst engagiert und erweist sich im partnerschaftlichen Bereich als ein herzlicher Partner (Haus 7 = Liebe), der bereit ist, sehr viel für Jennifer zu machen.

Wenn mal etwas in seinem Leben schief geht oder er von Schicksalsschlägen geplagt wird, verfällt er in Traurigkeit und Depression (Haus 8 = Traurigkeit). Er ist aber dennoch ein Mann, der eine positive Denkweise hat und bestrebt ist, seine Vorstellungen und Wünsche zu verwirklichen (Haus 9 = Hoffnung).

Beruflich ist er bescheiden und erfüllt alle an ihn gestellte Aufgaben, was ihn bei seinen Vorgesetzten sehr beliebt macht (Haus 10 = etwas Geld).

Mit seinem Freundeskreis sieht es dagegen nicht mehr so gut aus, weil es in dem Bereich öfters Auseinandersetzungen gibt und er sich in seiner Freizeit nicht so gerne unterordnet (Haus 11 = Verdruss).

Zu guter Letzt muss noch erwähnt werden, dass Thomas eine sehr große Angst vor Schicksalsschlägen hat und demnach versucht, negative und schicksalhafte Ereignisse zu vermeiden (Haus 12 = Unglück).

Das keltische Kreuz

Eine weitere Legeart, die schon mehrere hundert Jahre genutzt wird, ist das keltische Kreuz. Dabei werden 10 Karten gezogen und nach dem unten vorgegebenen Muster ausgelegt. Die Fragestellung lautet: Wie geht es mit mir, meinem Problem, bzw. Angelegenheit weiter.

Karte 3 Gedanken	**Karte 10** allgemeine Zukunft

Karte 5	Karte 1	Karte 2	Karte 6	Karte 9
Vergangen-heit	Situation	Einfluss auf die Situation	nächste Zukunft	Ängste Hoffnung

Karte 4 Unwissen-heit	**Karte 8** Ort der Zukunft

PK oder TK	**Karte 7** Ängste Hoffnung

Bei der Technik können wir allgemeine Fragen stellen. Ebenso haben wir die Möglichkeit nach einem bestimmten Thema zu fragen.

Auch hier sollte vor dem Mischen die Themenkarte oder Personenkarte aus dem Stapel herausgezogen werden.

Nachdem das keltische Kreuz nach vorgegebenem Muster ausgelegt wurde, sollte jede Karte mit der Themen- oder Personenkarte kombiniert werden.

Die 10 gezogene Karten haben folgende Bedeutung:

Karte 1 zeigt die Anfangssituation. Sie spiegelt das Thema wieder.

Karte 2 zeigt den Einfluss, der auf das Thema hinzugekommen ist.

Karte 3 zeigt unsere Gedanken über das Thema.

Karte 4 zeigt unsere Unwissenheit über das Thema.

Karte 5 zeigt die jüngste Vergangenheit bzw. das jüngste Ereignis.

Karte 6 zeigt das nächste Ereignis an, welches uns bevorsteht.

Karte 7 zeigt unsere Ängste und Hoffnungen an.

Karte 8 bezieht sich auf Karte 6 und zeigt, wo das Ereignis stattfindet.

Karte 9 zeigt unsere Ängste und Hoffnungen an.

Karte 10 zeigt die weitere Zukunft und ist die wichtigste Zukunftskarte.

Legebeispiel zum keltischen Kreuz

Angela arbeitet als Angestellte in einem großen Autokonzern und hat unter den cholerischen Anfällen des Abteilungsleiters zu leiden. Nun soll die Abteilung einen neuen Leiter bekommen und Angela möchte deshalb wissen, ob sich das Betriebsklima mit dem neuen Abteilungsleiter bessern wird.
Für das keltische Kreuz zieht sie zehn Karten.

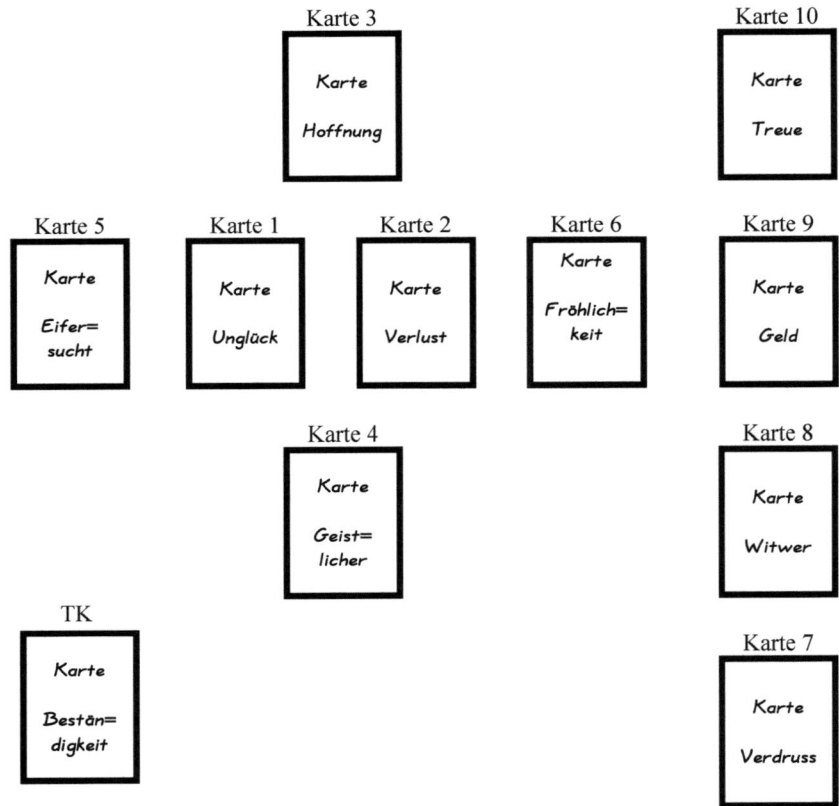

Bei dieser Frage habe ich als Themenkarte die Karte Beständigkeit ausgewählt und kombiniere diese mit den zehn gezogenen Karten des keltischen Kreuzes.

Angela hatte sehr viele Probleme, weil in der Firma plötzliche und negative Ereignisse auftraten, mit denen keiner rechnete (Karte 1 = Unglück).

Dabei könnte es auch möglich gewesen sein, dass einige Mitarbeiter ihren Job verloren haben oder Angela Arbeitseinbussen bekam (Karte 2 = Verlust).

Angela hofft sehr, dass sich in der Abteilung nun einiges zum Guten wenden wird (Karte 3 = Hoffnung).

Obwohl sie distanziert und nur halbwegs optimistisch ist, ahnt sie aber nicht, dass ihr zukünftiger Abteilungsleiter sehr menschlich und emotional veranlagt ist (Karte 4 = Geistlicher) und somit in Zukunft auch viel zum Wohlbefinden der Mitarbeiter beitragen wird.

Bei dem ehemaligen Abteilungsleiter war es anders gewesen, denn er hat dazu beigetragen, dass das betriebliche Klima angespannt war und jeder Mitarbeiter eine starke Unsicherheit am Arbeitsplatz verspürte (Karte 5 = Eifersucht).

Die nächste berufliche Zukunft sieht dagegen äußerst positiv aus, weil sich das Betriebsklima durch den neuen Abteilungsleiter (Karte 8 = Witwer) bessern wird (Karte 6 = Fröhlichkeit). Somit braucht sich kein Mitarbeiter mehr Sorgen zu machen, dass es weitere Auseinandersetzungen gibt (Karte 7 = Verdruss).

Angela wird in Zukunft sehr zuversichtlich sein, dass man ihre Arbeit zu schätzen weiß und ihr auch mehr Lohn bezahlt (Karte 9 = Geld).

Des Weiteren wird sie sich durch den neuen Vorgesetzten sehr wohl fühlen und ist auch bereit, für die Firma mehr Leistung zu bringen (Karte 10 = Treue).

Das Quadrat

Bei dieser Legetechnik ziehen wir acht Kipperkarten und haben somit die Möglichkeit, Antworten zur eigenen Person (HP) oder einer anderen (PK) zu erhalten.

Die Fragestellung lautet: Wie geht es mit mir oder mit Person x weiter.

In Bezug zu einem Thema lautet die Frage, wie geht es mit Beruf, Geld, Liebe oder einem anderen Lebensbereich weiter.

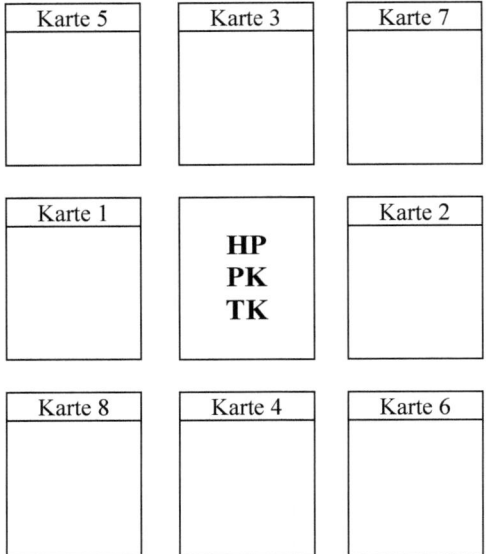

Nachdem die Karten nach folgendem Muster ausgelegt sind, werden Linien gezogen, welche dann anschließend kombiniert werden.

(z.B. Karte 5, 1, 8 oder 5, 3, 7, oder 5, HP, 6 oder 7, 2, 6, oder 8, 4, 6)

Legebeispiel zum Quadrat

Simone hat sich von ihrem langjährigen Freund getrennt, weil er sehr unehrlich war und sie auch öfters betrogen hat. Nun stellt sie sich die Frage, wie es in der Liebe weitergeht und ob ihr nächster Partner treuer sein wird und bereit ist, eine feste Beziehung mit ihr einzugehen. Für das Quadrat zieht sie acht Karten.

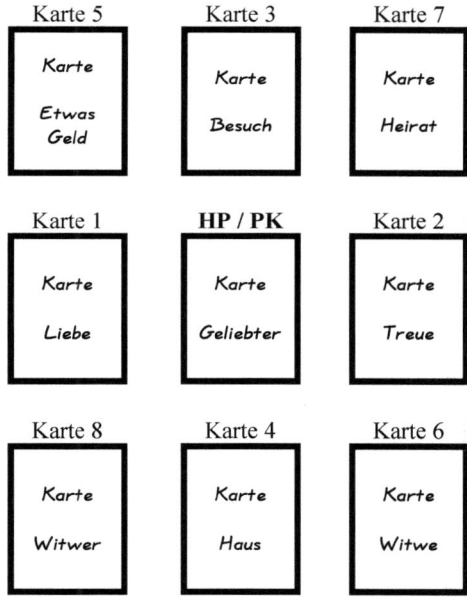

Karte 5	Karte 3	Karte 7
Karte Etwas Geld	Karte Besuch	Karte Heirat

Karte 1	HP / PK	Karte 2
Karte Liebe	Karte Geliebter	Karte Treue

Karte 8	Karte 4	Karte 6
Karte Witwer	Karte Haus	Karte Witwe

Aus dem Kartenbild ist deutlich zu erkennen, dass ihr zukünftiger Partner aus bescheidenen Verhältnissen kommt (Karte 5, PK, 6) und eine feste Bindung zu seinen Eltern und der restlichen Familie hat (Karte 8, 4, 6 und Karte 3, PK, 4).
Er ist ein herzlicher Mensch, auf den man sich verlassen kann (Karte 1, PK, 2).
Auch zu seinen recht unklompizierten Freunden hat er ein gutes Verhältnis und ist darauf bedacht, langjährige Freundschaften zu pflegen (Karte 5, 3, 7).
Weil um die Personenkarte nur positive oder neutrale Karten liegen, ist es fast ausgeschlossen, dass ihr zukünftiger Partner ein egoistisches oder untreues Verhalten aufzeigen wird.

Das Beziehungsspiel

Diese Legetechnik ist unter Kartenlegern äußerst beliebt und zeigt uns den Stand einer Beziehung.

Vor dem Mischen wird als Themenkarte die Karte Liebe gezogen. Allerdings kann die Legetechnik nicht nur für das Thema Liebe genutzt werden, sondern auch für kollegiale oder freundschaftliche Beziehungen. In den letzten beiden Fällen sollen beim Kartendeuten die Gefühle nicht so stark betont werden.

Karte 7 Ihre Gedanken zum Partner		Karte 2 Gedanken vom Partner
Karte 6 Ihre Gefühle zum Partner	**Karte 1** Stand der Beziehung	**Karte 3** Gefühle vom Partner
Karte 5 Ihr Auftreten wegen dem Partner		**Karte 4** Auftreten vom Partner

Karte 1 zeigt, wie der allgemeine Stand der Beziehung ist
Karte 2 zeigt, was der Partner über Sie denkt
Karte 3 zeigt, was der Partner Ihnen gegenüber fühlt
Karte 4 zeigt, wie sich der Partner nach außen verhält
Karte 5 zeigt, wie Sie sich über dem Partner nach außen verhalten
Karte 6 zeigt, was Sie dem Partner gegenüber fühlen
Karte 7 zeigt, was Sie über den Partner denken.

Legebeispiel zum Beziehungsspiel

Markus hat vor kurzem eine Frau Namens Sonja kennen gelernt und möchte wissen, was diese über ihn denkt und für ihn empfindet.
Für das Beziehungsspiel zieht er sieben Karten.

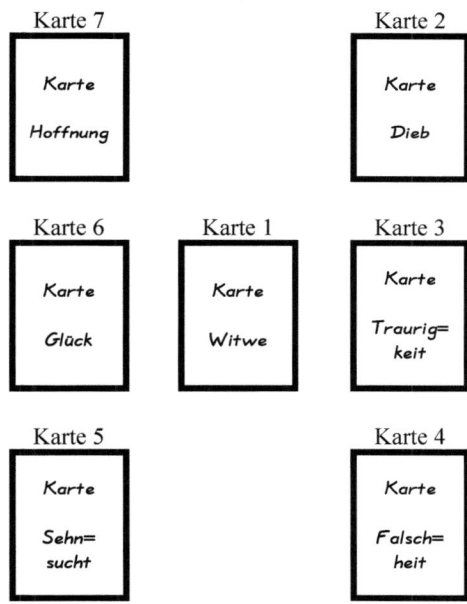

Das Verhältnis zwischen Sonja und Thomas wird durch eine etwas ältere Frau geprägt. Es kann sich hierbei um Sonjas Mutter oder eine ältere Busenfreundin handeln, die viel Einfluss hat (Karte 1 = Witwe). Sonja ist der Meinung, dass Markus sehr negativ denkt und ein Pessimist ist (Karte 2 = Dieb).
Gefühlsmäßig empfindet sie sehr wenig für ihn (Karte 3 = Traurigkeit). Nach außen gibt sie sich zu diesem Verhältnis sehr unehrlich und dürfte deshalb auch nicht besonders positiv über Markus sprechen (Karte 4 = Falschheit).
Markus denkt, dass Sonja eine positive Denkweise hat (Karte 7 = Hoffnung). Er empfindet für Sonja wahre Liebe und hat ein Glücksgefühl, wenn er an sie denkt. Doch seine Erwartungshaltung ist leider äußerst hoch und unrealistisch (Karte 5 = Sehnsucht), so dass sich kaum eine Beziehung zu Sonja entwickeln könnte.

Wichtige Hinweise für angehende Kartenleger

Möchten Sie erfolgreich Kartenlegen, ist es hilfreich, einige Hinweise zu beachten.

1. Setzen Sie sich beim Kartenlegen niemals unter Druck:
Wenn Sie das Kartenbild vor sich ausbreiten, haben Sie keine Gewähr, alle Antworten des Fragestellers beantworten zu können. Nutzen Sie einfach die Chance des ausgebreiteten Kartendecks und suchen Sie in aller Ruhe nach Verbindungen bzw. Kartenkombinationen. Würden Sie sich dabei unter Druck setzen, ist die Gefahr sehr groß, dass Sie wichtige Kombinationen nicht erkennen und der Fragesteller keine befriedigenden Antworten erhält. Wenn das Kartenbild sehr ungünstig ist, haben Sie immer noch die Möglichkeit die Karten neu zu mischen und wieder auszubreiten.

2. Legen Sie niemandem die Karten, wenn er nicht daran glaubt:
Bedenken Sie bitte, dass die Schicksalsdeutung bzw. das Kartenlegen eine Frage der Weltanschauung ist. Wenn Ihr Bekannter nicht daran glaubt, werden Sie es sehr schwer haben, ihn davon zu überzeugen. Versuchen Sie ihm jedoch ihre Weltanschauung aufzuschwatzen, wird er sich mit Sicherheit dagegen wehren. Akzeptieren Sie deshalb seine Weltanschauung und erwarten Sie von ihm, dass er auch Ihre eigene akzeptiert.

3. Sie sind nicht verpflichtet, genaue Details zu machen:
Wenn Sie einem Fragesteller die Karten deuten, sollten Sie nur dann genaue Angaben machen, wenn Sie ihn auch kennen. Bedenken Sie bitte, dass viele Zigeunerkarten mehrere Bedeutungen haben können. Welche Bedeutung eine einzelne Karte hat, hängt vom Fragesteller und seinen Lebensumständen ab.

4. Haben Sie keine Scheu, um Fragen zu stellen:
Es gibt keinen Kartenleger, der wirklich alles weiß. Würde es diesen allwissenden Kartenleger geben, hätte er mit Sicherheit schon längst nach den Lottozahlen die Karten ausgelegt und bräuchte wegen seinen Lottomillionen nicht mehr arbeiten zu gehen.
Je offener der Fragesteller ist und je mehr Fragen er Ihnen beantwortet, desto genauer können Sie die Prognosen für seine Zukunft erstellen.

5. Halten Sie zum Fragesteller immer eine gefühlsmäßige Distanz:
Die meisten Fragesteller haben Probleme im Alltag und werden damit auch nicht fertig. Sie als Kartenleger können Ihren Klienten jedoch nur sagen, wie die weitere Zukunft aussieht. Spielen Sie bei Ihren Kunden allerdings den einfühlsamen Seelentröster, ist es nur noch eine Frage der Zeit, bis Sie selber ein seelisches Wrack werden. Leider sind mir sehr viele Kartleger bekannt, die sich verpflichtet gefühlt haben, jedem Kunden einfühlsamen Trost zu geben. Die Folge war, dass sie durch ihre Kunden viel Kummer aufgeladen hatten und dadurch selber eine psychologische und psychiatrische Behandlung in Anspruch nehmen mussten.

6. Sorgen Sie für ein gutes Ende:
In jedem Kartenbild gibt es gute und schlechte Ereignisse. Die meisten Menschen neigen dazu, negativ und ängstlich in die Zukunft zu blicken. Dabei werden die positiven Gedanken verdrängt und die negativen hochgespielt. Machen Sie deshalb dem Fragesteller deutlich, dass er in Zukunft nicht nur negative, sondern auch positive Ereignisse haben wird. Mir persönlich ist noch kein Mensch begegnet, dessen Leben nur Schattenseiten hatte.

Schlusswort

Zum guten Schluss möchte ich Ihnen ein Dankeschön ausrichten, weil Sie mir mit dem Kauf dieses Buches Ihr Vertrauen geschenkt haben.

Ich bin fest davon überzeugt, dass auch Sie sich die Grundkenntnisse des Kartenlegens aneignen konnten.

Aber ich möchte Ihnen noch einen ganz wichtigen Ratschlag mitgeben. Sehen Sie das Kartenlegen nicht verkrampft und lassen Sie sich bitte nicht von den negativen Kartenkombinationen verängstigen. Schließlich wird die Zukunft nicht unwiderruflich eintreffen, sondern kann, sobald Ihnen der Lebensweg bewusst ist, gelenkt werden. Die Karten stellen lediglich einen Berater dar und geben Ihnen oder Ihrem Fragesteller eine hilfreiche Unterstützung für schwierige Lebensphasen und Entscheidungen.

Ich möchte an dieser Stelle noch meiner lieben Ehefrau ein Dankeschön ausrichten. Schließlich brachte sie mich auf die Idee, mein Wissen niederzuschreiben und stand mir auch beim Erstellen des Layouts und der Grafik immer hilfreich zur Seite.

Weitere Bücher von Zeljko Schreiner

Titel: 1x1 der Kipperkarten

Erscheinungsdatum: Mai 2007

Kurzbeschreibung: Ein umfangreiches Werk zum Kartenlegen mit den Kipper Wahrsagekarten.
Sämtliche Zweierkombinationen werden bis ins Detail beschrieben und liefern dem Leser auch übersichtliche und sehr leicht verständliche Deutungsmethoden mit einer großen Anzahl von praxisnahen Legebeispielen.

Titel: Mystisches Tarot

Erscheinungsdatum: August 2007

Kurzbeschreibung: Eine Einführung in die Welt des Tarots.
Neben einer ausführlichen Beschreibung von jeder Karte, erhält der Leser die Deutung für die Bereiche Beruf, Geld und Liebe.
Ebenso werden beliebte Legetechniken in Verbindung mit 30 praxisnahen Legebeispielen vorgestellt.

Titel: Kipperkartenhandbuch - Das Einsteigerbuch zum Kartenlegen mit den Kipper-Wahrsagekarten

Erscheinungsdatum: Oktober 2007

Kurzbeschreibung: Eine übersichtliche Anleitung für Anfänger, die sich innerhalb von kürzester Zeit die Kunst des Kartenlegens aneignen möchten.